国家社会科学基金重点项目"网络信息生态链运行机制与优化管理研究"(11AZD114)和国家社会科学基金青年项目"品牌依恋驱动下的用户在线评论信息生成机制研究"(16CTQ026)资助

商务网络信息生态链动态平衡机理

毕达宇 著

Shangwu Wangluo Xinxi Shengtailian
Dongtai Pingheng Jili

中国社会科学出版社

图书在版编目（CIP）数据

商务网络信息生态链动态平衡机理/毕达宇著.—北京：中国社会科学出版社，2018.10
ISBN 978-7-5203-3197-5

Ⅰ.①商… Ⅱ.①毕… Ⅲ.①电子商务—信息处理—研究 Ⅳ.①F713.36

中国版本图书馆CIP数据核字（2018）第214920号

出 版 人	赵剑英
责任编辑	卢小生
责任校对	周晓东
责任印制	王 超
出 版	中国社会科学出版社
社 址	北京鼓楼西大街甲158号
邮 编	100720
网 址	http://www.csspw.cn
发 行 部	010-84083685
门 市 部	010-84029450
经 销	新华书店及其他书店
印 刷	北京明恒达印务有限公司
装 订	廊坊市广阳区广增装订厂
版 次	2018年10月第1版
印 次	2018年10月第1次印刷
开 本	710×1000 1/16
印 张	10.5
插 页	2
字 数	162千字
定 价	48.00元

凡购买中国社会科学出版社图书，如有质量问题请与本社营销中心联系调换
电话：010-84083683
版权所有　侵权必究

前　言

近年来，信息生态学及其相关学科领域的发展得到了国内外学者的广泛关注，并随着研究对象的逐步细化、研究方法的丰富多样，也使相关研究成果逐年增多。随着 Web 2.0 环境下信息技术的智能化应用以及网络文化环境的多元化发展，使现在的网络信息生态环境发生着翻天覆地的变化。学术界关于网络信息生态链及其相关研究也逐步由针对一般的网络信息生态链的基本结构、形成机理等方面的研究逐步转向针对特定类型网络信息生态链的构成要素、运行机制以及优化和管理策略等。

商务网络信息生态链是在特定的商务网络环境下因从事商务信息活动的主体通过信息流转而形成的链式依存关系，是电子商务生态系统中的核心结构。尽管学者在早期的相关研究中针对网络环境下的信息污染、信息超载、信息资源浪费等问题深入探讨了网络信息生态失衡的主要根源，进而强调了恢复和维持网络信息生态平衡的重要意义，然而，针对网络信息生态平衡的相关探讨仍显不足，更鲜有关于商务网络信息生态平衡状态的相关研究。对于什么是商务网络信息生态链平衡状态、平衡状态具有何种特征及主要表现、商务网络信息生态链平衡状态的影响因素对平衡状态又存在何种作用机制等一系列问题，目前尚未得出较为清晰的观点与结论。这就导致目前学者对于提出如何有效治理及维持商务网络信息生态链的平衡状态造成了阻碍及困扰。同时，目前的相关研究仍过多地停留在理论层面，缺乏一定的量化分析与实证检验作为相关观点的现实依据，进而导致相关观点，特别是对提出和实现商务网络信息生态链平衡状态缺乏实际指导意义。因此，有必要对商务网络信息生态链的动态平衡机理进行相应的深入研究。

本书首先在对信息生态平衡理论、网络信息生态链理论、商务网络信息生态链理论等相关理论基础上对商务网络信息生态链平衡的概念、表现及标准进行了深入探讨；其次，系统地提炼出商务网络信息生态链动态平衡的主要影响因素，并对各影响因素进行了深入的理论描述；再次，通过实证分析方法，构建了商务网络信息生态链动态平衡影响因素与平衡表现间的结构方程模型，并进行了验证；最后，在实证分析的结果基础上探讨了各影响因素对商务网络信息生态链动态平衡的具体作用机制。

  本书的内容主要源于笔者的博士学位论文，同时作为国家社会科学基金重点项目"网络信息生态链运行机制及优化管理研究"（11AZD114）的阶段性研究成果。本书的出版得益于华中师范大学信息管理学院娄策群教授在笔者攻读博士期间的悉心指导，同时仍需感谢我的夫人张苗苗女士在工作方面为本书提出的意见与做出的改进，以及在生活中的悉心照料。由于时间仓促，笔者水平有限，欢迎广大读者、专家及同行学者能够及时提出宝贵的意见和建议。

毕达宇

2018年4月

目　　录

第一章　绪论 ………………………………………………………………… 1

　　第一节　研究背景 …………………………………………………… 1
　　第二节　研究意义 …………………………………………………… 3
　　第三节　国外研究现状 ……………………………………………… 4
　　第四节　国内研究现状 ……………………………………………… 8
　　第五节　商务网络信息生态相关理论研究 ………………………… 20
　　第六节　研究内容与研究方法 ……………………………………… 22

第二章　商务网络信息生态链平衡的基础理论 ………………………… 30

　　第一节　信息生态平衡理论 ………………………………………… 30
　　第二节　网络信息生态链理论 ……………………………………… 35
　　第三节　商务网络信息生态链平衡理论 …………………………… 38
　　第四节　网络信息生态链稳定性平衡 ……………………………… 48
　　本章小结 ……………………………………………………………… 52

第三章　商务网络信息生态链平衡的概念、表现及标准 ……………… 54

　　第一节　商务网络信息生态链平衡的概念及属性 ………………… 54
　　第二节　商务网络信息生态链平衡的主要表现 …………………… 57
　　第三节　商务网络信息生态链平衡标准的筛选 …………………… 66
　　本章小结 ……………………………………………………………… 76

第四章　商务网络信息生态链平衡影响因素分析 …… 78

第一节　商务网络信息生态链平衡的影响因素 …… 78
第二节　商务网络信息生态链平衡影响因素的筛选 …… 85
第三节　影响因素的观测指标选取 …… 88
本章小结 …… 95

第五章　商务网络信息生态链平衡因素模型构建及验证 …… 96

第一节　研究方法的选择 …… 96
第二节　商务网络信息生态链平衡影响因素模型构建 …… 97
第三节　研究假设 …… 98
第四节　调研方法 …… 104
第五节　观测变量描述与问卷设计 …… 106
第六节　数据质量分析 …… 114
第七节　结构模型拟合程度分析 …… 122
第八节　结构模型中各建构之间路径影响关系分析 …… 125
第九节　研究结论 …… 128
本章小结 …… 130

第六章　商务网络信息生态链平衡影响因素作用机制 …… 131

第一节　信息生产者信息意识和形象对平衡状态的影响 …… 131
第二节　核心节点自组织能力对平衡状态的影响 …… 132
第三节　节点间互利共生方式对平衡状态的影响 …… 135
第四节　链的排异能力对平衡状态的影响 …… 136
第五节　链的反馈控制能力对平衡状态的影响 …… 138
本章小结 …… 139

第七章　研究结论与展望 …… 140

第一节　研究的主要结论 …… 140
第二节　研究存在的局限 …… 141

  第三节　研究展望 …………………………………………… 143
附　　录 ……………………………………………………………… 145
  一　商务网络信息生态链平衡标准及因素调查问卷 …………… 145
  二　商务网络信息生态链平衡机理研究调查问卷 ……………… 148
主要参考文献 ………………………………………………………… 152

第一章 绪论

第一节 研究背景

电子商务是一个科技含量和知识含量都很高的现代新兴产业。比尔·盖茨多年前就曾预言:"21 世纪,要么电子商务,要么无商可务。"1994 年,我国接入国际互联网,而作为互联网产业最重要、发展最健康的分支,电子商务自 1997 年在我国起步发展,先后经历了不同的发展阶段,根据商务部发布的《中国电子商务报告(2016)》的数据,2011—2016 年中国电子商务服务企业增长阶段分布如图 1-1 所示。2016 年,中国网络购物用户规模、电子商务交易额稳步增长。其中,

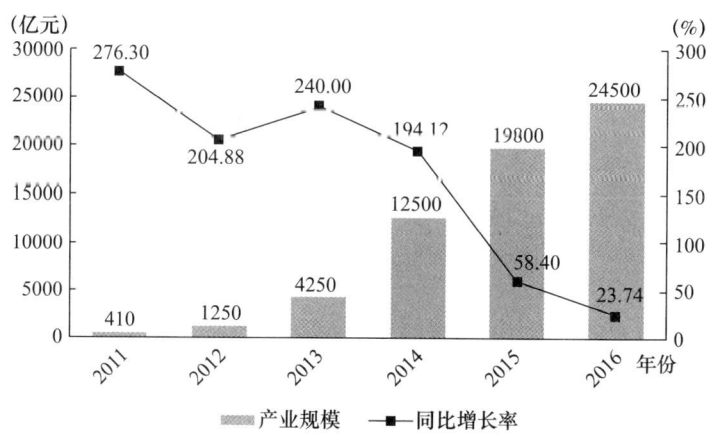

图 1-1　2011—2016 年中国电子商务服务企业增长阶段分布

中国网络购物用户规模达 4.67 亿，占全部网民的 63.8%，较 2015 年年底增长 12.9%；中国电子商务交易额 26.1 万亿元，同比增长 19.8%，交易额约占全球电子商务零售市场的 39.2%，连续多年成为全球规模最大的网络零售市场。

  近年来，随着我国互联网基础设施的不断完善、互联网用户的急剧增长以及互联网应用的日益普及，我国的电子商务市场取得了迅猛发展。根据中国互联网信息中心发布的第 41 次《中国互联网络发展状况统计报告》的数据，截至 2017 年 12 月，我国网民规模达 7.72 亿，普及率达 55.8%，网民规模继续保持平稳增长。根据中国电子商务研究中心（100EC.CN）的监测数据，2016 年，中国电子商务交易额 22.97 万亿元，同比增长 25.5%。其中，B2B 市场交易额 16.7 万亿元，网络零售市场交易额 5.3 万亿元，生活服务电子商务交易额 9700 亿元。从上述数据可以看出，我国电子商务领域的发展已经步入快速发展阶段。2011—2016 年中国电子商务市场交易规模如图 1-2 所示。

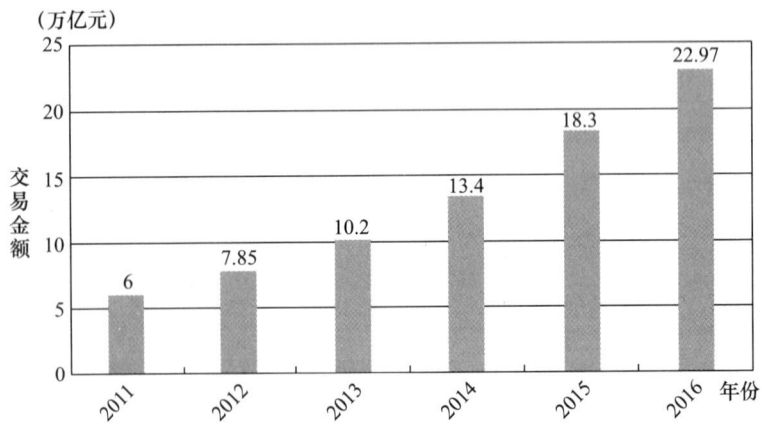

图 1-2　2011—2016 年中国电子商务市场交易规模

  与此同时，我国政府高度重视电子商务发展，积极探索并深化电子商务领域的相关制度与法律法规的制定，为我国电子商务发展保驾护航。但是，由于网络信息泛滥、信息失真以及信息不对称性等特点，网络欺诈、虚假交易、支付风险以及第三方信用信息服务的客观公正性遭质疑现象频发，这些都限制了电子商务市场的可持续发展。根据中国电子商务研究中心发布的《2017年中国电子商务用户体验与投诉监测报告》的相关数据，发货问题、退款问题、商品质量、退换货难、疑似售假、虚假促销、保证金退还难、网络欺诈、客户服务和物流十个问题，成为"2017年度零售电商十大热点被投诉问题"，其中，疑似售假、虚假促销、网络欺诈等虚假信息服务投诉问题占总投诉的17.23%。信息质量不高、买卖双方信息不对称情况加剧、信息供给与信息需求不对应等问题日益凸显，在这样的背景下，面对不断涌现和加深的问题，要通过提升信息服务质量来切实推进我国电子商务领域的发展，就要深入探讨商务网络信息生态系统的结构和特点，研究其运作机理，从多个方面去考虑其整体性发展，不断地探索其发展规律。

近几年，信息生态学的理论及应用研究已经得到了广泛关注。2011年，国家社会科学基金委设立国家社会科学基金重大项目"网络信息生态链形成机理与演进规律研究"以及重点项目"网络信息生态链发展机制与优化管理研究"，这表明网络信息生态学研究已经成为学术界关注的重点研究领域之一。在当前网络环境下，信息生态面临着信息污染、信息冗余、信息安全等各个方面的严峻挑战，学者从各个研究角度出发，对上述问题在不同领域下所面临的困境进行分析研究，并提出了不同的理论观点与创新方法，这些研究再次将网络信息生态研究推向了新的高度。

第二节 研究意义

一 理论意义

第一，扩大信息生态学的应用领域，丰富信息生态理论体系。信息生态学研究已经成为情报学、管理学等学科领域的热点研究。随着信息生态学理论与实践的不断深入，网络信息生态系统、网络信息生态链研究已经逐步成为信息生态学中的重要组成部分。然而，我国学者对于网络信息生态学的研究仍主要集中在网络信息生态系统构成、网络信息生态链形成及运行机理等方面，对网络信息生态链的平衡机制及策略研究仍然相对较少。本书将在信息生态学的基础上深化了网络信息生态链平衡理论，从而有助于丰富信息生态理论体系。

第二，深化商务网络信息生态链平衡理论研究，拓宽了电子商务活动及电子商务信息行为在信息生态学下的研究视角。本书在网络信息生态理论的基础上，针对电子商务信息活动特点，对商务网络信息生态链平衡的外在表现与内在影响进行深入探讨，从而得出促进、维持及恢复电子商务信息生态平衡的主要措施，为促进电子商务活动的正常有序进行提供了理论依据。

二 现实意义

第一，通过对商务网络信息生态链平衡机制、失衡的原因及表现、商务网络信息生态链维持和自我恢复平衡的方式及效果等进行研究，为有关组织机构测评电子商务信息活动能否正常、有效地进行提供了理论依据和方法。

第二，探讨商务网络信息生态链结构优化重组、信息资源高效利用配置、信息功能良好发挥的新途径。

第三，为政府、企业和相关机构提供优化网络信息资源配置、净化电子商务信息环境以及促进电子商务发展提供理论支撑与决策参考。

第三节 国外研究现状

一 信息生态理论相关研究

国外对于信息生态的研究开展较早，研究内容较为丰富。综合网上各类信息及外文文献，截至目前，通过对国外主要数据库如Elsevier Science、Academic Source Premier、Springer、Science Citation Index

等进行检索,与信息生态、网络信息生态等相关的书籍有20多部,论文100余篇。

在信息生态理论方面,德国学者Rafael Capurro在1989年首次将生态和信息建立联系,并正式提出了"信息生态"(Information Ecology)这一概念。Rafael Capurro从信息伦理角度出发,讨论了信息污染、信息平衡、数字鸿沟等问题,对信息生态进行了初步研究。他强调信息生态平衡的重要性,呼吁人们提高对信息生态平衡问题的认识,努力克服信息污染以及信息贫富差距等问题,并提出了合理使用数据库及信息资源共享等七项建议。[1] 托马斯·达文波特(Thomas H. Davenport)和劳伦斯·普鲁萨克(Laurence Prusak)将生态观念引入信息管理中,阐述了信息生态的关键成分。[2] Bonnie A. Nardi(1999)对信息生态的概念做出解释,认为信息生态是由某一环境下的人、行为以及价值和技术共同构成的有机整体。[3] Yogesh Malhotra(2002)将信息生态框架拓展为知识生态学的一个框架,他认为,信息生态是一个由相关的社会、文化与政治等子系统组成的信息环境,并决定了信息的生产、流转与利用等活动。[4] Karen S. Baker和Geoffrey C. Bowker(2005)指出,信息生态提供了一种在多维情景下思考数据、知识生成以及信息流问题的概念框架。信息生态系统是一个以数据、创造知识和信息流为内容的多层面的系统。[5] Bern Shen(2005)研究了在信息生态不断变化的情况下医学图书馆信息资源所

---

[1] Rafael Capurro, "Towards an Information Ecology", Contribution to The Nordinfo International Seminar Information and Quality, Royal School of Librarianship, Copenhagen, August 23 – 25, 1989.

[2] T. H. Davenport, L. Prusak, *Information Ecology*, New York: Oxford University Press, 1997.

[3] Bonnie A. Nardi, Vicki L. O. Day, *Information Ecologies: Using Technology with Heart*, Cambridge, Massachusetts London, England: MIT Press, 1999.

[4] Yogesh Malhotra, "Information Ecology and Knowledge Management: Toward Knowledge Ecology for Hyperturbulent Organizational Environments", *Encyclopedia of Life Support Systems*, 2002, p. 44.

[5] Karen S. Baker, Geoffrey C. Bowker, "Information Ecology: Open System Environment for Data, Memoriesand Knowing", *Journal of Intelligent Information Systems*, Special Issue, 2005, pp. 1–19.

做变化的问题,即信息资源建设问题。[1]

国外学者在对信息生态学的研究方面起步较早,从已有研究成果来看,国外学者对信息生态理论的研究已经趋于成熟,随着国外学者对信息生态学领域研究的不断深化,对信息生态学的研究已经从较为宏观的理论层面逐步向微观具体层面延伸,研究内容也逐渐向特定对象或具体实例方向发展,以期运用信息生态学理论与方法来解决实践中的问题。此外,国外学者对信息生态理论在各个领域的拓展及应用也在不断加深。

二 网络信息生态相关研究

在网络信息生态领域国外学者也有较多研究。加拿大学者 Brian Detlor (2001) 深入研究了网络信息系统及其促进组织内部知识工作的能力,从信息生态学角度研究了内部信息环境对组织的影响。[2] Bernardo A. Huberman 和 Lada A. Adamic (1999) 认为,网络是一个巨大的信息生态系统,能用来定量评测人类行为和社会互动作用的理论,探索了基于数学分析、统计学理论的信息使用模式。[3] Seonyoung Shim (2006) 研究了网络信息生态系统的稳定性问题,认为应从长远角度研究网络社区搜索的演变对信息生态系统的影响。[4] Francisco - Javier García - Marco (2011) 利用信息生态的概念解决数字图书馆和信息服务的影响及演变问题,在不断变化的图书馆环境中探讨使用信息生态的概念。[5] Victor Bekkers 等 (2005) 从网络信息生态角度研究

---

[1] Shen, B., "Ecologies, Outreach, and the Evolution of Medical Libraries", *Journal of the Medical Liberary* Association, Vol. 93, No. 4, 2005, pp. 86 – 92.

[2] Brian Detlor, "The Influence of Information Ecology on E - Commerce", *Internet Electronic Networking Applications and Police*, Vol. 4, 2001, pp. 286 – 295.

[3] Bernardo A. Huberman, Lada A. Adamic, "Growth Dynamics of the World - Wide Web", *Nature*, Vol. 401, 1999, p. 131.

[4] Shim, S., Lee, B., "Evolution of Portals and Stability of Information Ecology on the Web", International Conference on Electronic Commerce: The New E - Commerce - Innovations for Conquering Current Barriers, Obstacles and Limitations to Conducting Successful Business on the Internet, Canada, August, 2006.

[5] García - Marco, F., "Libraries in the Digital Ecology: Reflections and Trends", *The Electronic Library*, Vol. 29, No. 1, 2011, pp. 105 – 120.

了电子政务，整理了其他学者对于电子政务内部构成、技术对电子政务的意义、技术环境和组织环境的协同进化等电子政务网络信息生态问题。[1] Tim Finin 等（2008）建立了一个基于博客圈的信息流、影响力和信任度的信息生态模型，试图利用这一模型研究网络信息生态系统中各类信息主体的相互影响。[2]

三 电子商务生态相关研究

Moore（1996）首次提出了商业生态系统（Business Ecosystems）这一概念。他认为，在商业生态系统中，包含企业、顾客、媒介等各类初级物种，这些个体或组织在相互作用的过程中逐步按照某个或多个中心群体指引的方向发展。[3] Brian Detlor 建立了电子商务信息生态系统模型，分析了电子商务信息生态系统各组成因子之间的关系，探讨了信息生态对企业电子商务活动的影响和影响门户网站利用的信息生态因素。Rajshekhar G. Javalgi、Patricia R. Todd 和 Robert F. Scherer（2005）通过对网络生态系统中的组织动力学特点进行分析，基于网络生态系统古典模型并根据当前全球电子商务环境现状，构建了电子商务生态模型。[4] Erik Assadourian（2008）对电子商务活动所需的外部环境进行深入研究，认为外部稳定的经济环境是电子商务发展的必要条件，国家经济环境是电子商务生态环境的组成部分之一。[5] Sajed M. Abukhader（2008）对电子商务生态效益和电子商务生态效率两个概念的联系及区别进行了理论分析，并在生态效率的基础上构建了电

---

[1] Bekkers, V., Homburg, V., *The Information Ecology of E - Government: E - Government as Institutional and Technological Innovation in Public Administration*, Amsterdam: Ios Pr Inc Press, 2005.

[2] Finin, T., Joshi, A., Kolari, P. et al., "The Information Ecology of Social Media and Online Communities", *AI Magazine*, Vol. 28, 2008, pp. 77 – 92.

[3] Moore, James F., "The Death of Competition: Leadership and Strategy in the Age of Business Ecosystems", *Ecosystems*, Vol. 4, 1996, p. 15.

[4] Javalgi, R. G., Todd, P. R., Scherer, R. F., "The Dynamics of Global E - Commerce an Organizational Ecology Perspective", *International Marketing Review*, Vol. 4, 2005, pp. 420 – 435.

[5] Assadourian, E., "Global Economic Growth Continues at Expense of Ecological Systems", *World Watch*, Vol. 3, 2008, pp. 30 – 31.

子商务生态效益评价模型。①

从目前国外学者对信息生态、网络信息生态以及电子商务生态等方面的研究来看，国外学者对相关研究起步较早，对信息生态系统的构成要素认识较为深入，同时也更为注重系统内各要素对信息生态平衡所发挥的作用。国外学者对于信息生态的研究主要注重两个方面：一方面是对特定对象信息生态系统的研究。国外学者主要注重选取实际对象进行研究，对某一特定信息生态系统中出现的失衡问题进行具体分析，从而得出理论观点。另一方面是注重选取技术方法对信息生态进行研究。国外学者注重选取不同的研究方法对信息生态、电子商务生态等方面的问题进行研究。

尽管国外学者对信息生态、电子商务生态、网络信息生态等方面的研究获得了诸多成果，然而，国外尚未直接提出"网络信息生态链"这一概念，也没有针对专门的网络信息生态链的研究。此外，国外学者对信息生态领域内的研究在信息生态系统构成、运行及平衡等方面仍然缺乏规律性的理论研究。

第四节　国内研究现状

一　国内研究总体概况

随着电子商务活动的普及和迅速发展，我国学者也更加关注电子商务领域的研究，其研究视野也越来越广阔。在中国知网中，采用"主题"关键字为"电子商务"进行期刊论文搜索，可得到与电子商务有相关度的论文数量，共检索出111109条结果。如图1-3所示，近十年来，有关电子商务的论文数量呈上升趋势。2008—2010年，电子商务论文数量趋于平稳，说明电子商务理论研究已经进入常态化阶段。

---

① Abukhader, S. M., "Eco-Efficiency in the Era of Electronic Commerce-Should 'Eco-Effectiveness' Approach be Adopted?", *Journal of Cleaner Production*, Vol. 16, 2008, pp. 801–808.

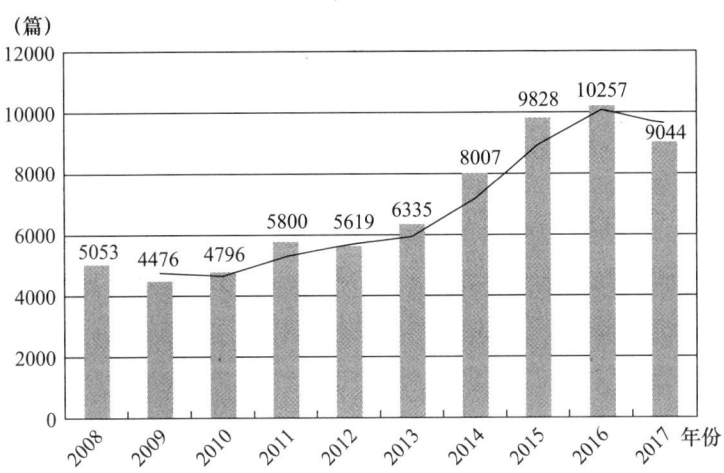

图1-3 2008—2017年主题为电子商务的中文期刊论文数量统计

在2014年各类电子商务期刊论文中，企业电子商务是热门研究方向，达到1510篇，占论文总数的23%；排在第2位的是电子商务安全方面的论文，有1026篇，占论文总数的16%；第3位是电子商务物流论文，有850篇，占论文总数的13%。另外，还有相当数量的论文研究电子商务营销、教学、创新、人才培养。

在中国知网中，以"电子商务"为关键词搜索到有关电子商务的博士、硕士学位论文数量，如图1-4所示。从图1-4中可以看出，2006—2009年，电子商务相关学位论文的增长速度趋于平缓，2010年开始激增，但是，到2013年开始迅速下跌。这种情况反映出电子商务高层次人才的培养严重落后于电子商务实践的发展，特别是在电子商务综合性人才、法律人才方面，这种情况更为明显。

电子商务由"电子"+"商务"组成。因此，与电子商务相关的书籍涉及的面非常广泛，主要包括经济管理、教材教辅与参考书、计算机与互联网和经济类书籍等。在亚马逊网上，以"电子商务"为书名搜索，结果如图1-5所示。从图1-5中可以看出，2012—2014年，在经济管理、教材教辅与参考书、计算机与互联网的书籍中，电子商务的书籍数量均呈现出逐年下降趋势。这种状况说明电子商务系统的研究工作需要进一步加强。

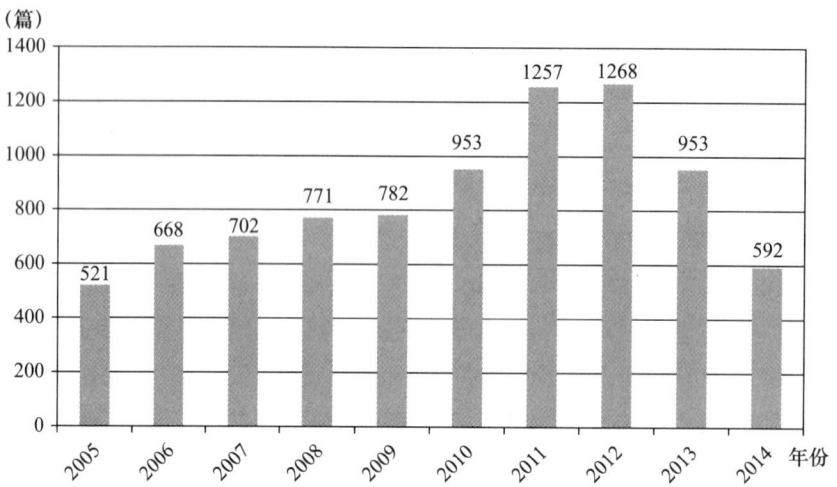

图 1-4　2005—2014 年主题为电子商务的博、硕士学位论文数量统计

资料来源：中国知网，2015 年 1 月。

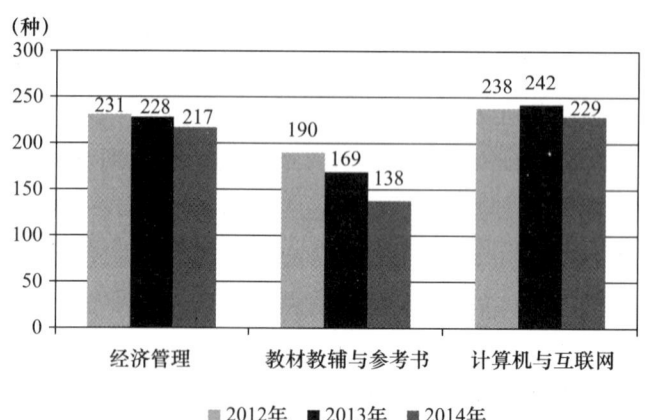

图 1-5　2012—2014 年与电子商务相关的书籍统计

资料来源：亚马逊网，2015 年 1 月。

二　信息生态链相关理论研究

（一）我国学者关于信息生态相关研究的计量分析

近年来，信息生态学及其相关领域研究在我国发展十分迅速，以"信息生态"为题名在 CNKI 中进行检索，从检索结果可以看出，近十年来，信息生态学在我国的研究总体呈逐年上升的趋势。我国学者对信息生态链这一领域的研究主要包括信息生态的基本理论研究、信息生态链的形成及演化机理研究、信息生态链的运行机理研究、特定类型信息生态链实证研究等。如图1-6所示。

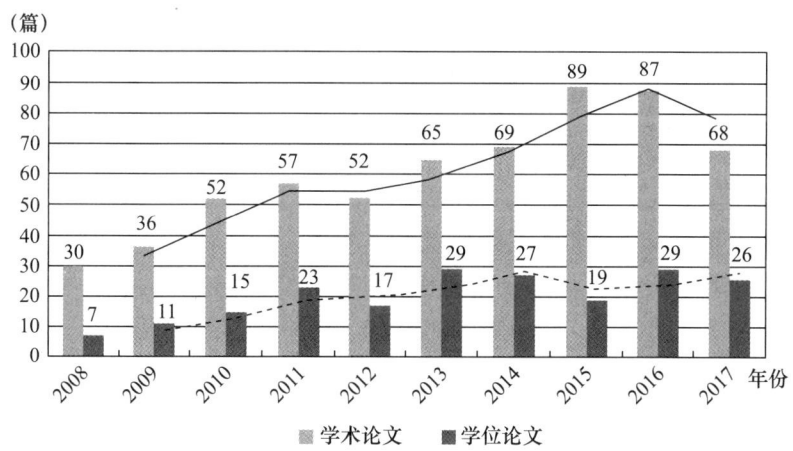

图1-6 近十年国内信息生态研究发表学术论文及学位论文数量

(二) 信息生态链的基本理论研究

目前国内学者对于网络信息生态链一般概念的界定已初步统一，即认为网络信息生态链是指在网络环境下由不同信息主体构成的链式依存关系。概念描述的不同在于学者对网络信息生态链的构成要素或功能强弱等方面的阐述各有所侧重。

对网络信息生态链的一般概念的界定。娄策群、杨小溪认为，网络信息生态链是在网络信息环境下由各类网络信息主体所构成的链式依存关系。张向先等认为，网络信息生态链是在网络环境下为了实现信息共享，不同信息人之间通过信息流转而形成的链式依存关系。[①] 段尧清等（2013）认为，网络信息生态链是存在于网络信息生态中的

---

① 张向先、史卉、江俞蓉：《网络信息生态链效能的分析与评价》，《图书情报工作》2013年第15期。

由人与网络环境组成的信息共享系统。① 李北伟、董微微（2013）认为，网络信息生态链是在一定的网络信息环境下信息人之间通过不断博弈形成信息流转的链式依存关系。②

此外，还有多数学者试图对诸如微博信息生态链、电子政务信息生态链、商务网站信息生态链等不同类型的网络信息生态链进行针对性较强的细致研究，并分析各类网络信息生态链的本质、特征及其构成要素。

对于博客信息生态链，谢守美、方志（2011）认为，博客信息生态链是指在博客信息生态系统中，博客信息生产者、传递者、消费者、分解者之间信息流转的链式依存关系。③

对于商务网站信息生态链，张向先、耿荣娜、李昆（2012）认为，商务网站信息生态链是指相互作用的电子商务信息生态主体依靠自身的竞争优势及其相互之间的合作共享关系，在电子商务环境下，通过信息流转所实现的物流、资金流和信息流交换的一种链式依存关系。④

对于微博信息生态链，马捷等（2012）从信息活动特点的角度出发，认为微博信息的发布、转发、评论、关注等机制独具特点，并已形成微博信息生态链。⑤

对于数字图书馆信息生态链，程彩虹等（2013）认为，数字图书馆信息生态链是指以数字图书馆为中心，信息生产者、数字图书馆、

---

① 段尧清、余琪、余秋文：《网络信息生态链的表现形式、结构模型及其功能》，《情报科学》2013年第5期。
② 李北伟、董微微：《基于演化博弈理论的网络信息生态链演化机理研究》，《情报理论与实践》2013年第3期。
③ 谢守美、方志：《博客信息生态链：概念、影响要素及其维护》，《图书情报工作》2011年第10期。
④ 张向先、耿荣娜、李昆：《商务网站信息生态链的运行机制研究》，《情报理论与实践》2012年第8期。
⑤ 马捷、孙梦瑶、尹爽等：《微博信息生态链构成要素与形成机理》，《图书情报工作》2012年第18期。

信息用户之间的链式流转依存关系。①

对于网络团购信息生态链，王晰巍等（2018）认为，从生态视角上看，网络团购的构成主体，即商家、团购网站、消费者、团购导航网站构成了一个有机的信息生态链式系统。②

对于电子政务信息生态链，谢佳、邓小昭等③认为，在电子政务信息生态链中，信息生产者是政府，信息传递者是电子政务服务部门和第三方服务商，信息消费者是公众。

对于网络教学信息生态链，柯健（2011）认为，在网络教学信息生态链中，信息人主要包括教师（科学专家、主讲教师、课程辅导老师等）、专职管理人员（行政管理人员、财务管理人员、教学管理人员等）、接受网络教学的学者、网络资源开发人员。④

（三）信息生态链的形成及演化机理研究

一些学者从信息主体的视角对信息生态链形成及其演化进行研究。从博弈角度探讨信息生态链的形成机理。李北伟、董微微认为，在网络信息生态链上，信息主体占有信息资源的能力和信息利用能力、信息主体的学习能力的差异，使不同网络信息主体之间博弈的策略集合不同，导致某一网络信息主体的决策对整个网络信息生态链系统的影响不同，进而影响网络信息生态链的演进方向。

从信息主体间关系角度探讨信息生态链的形成机理。张军（2008）认为，节点间彼此的信息需求、信息交换价值和信息势能是推动网络信息链不断演变的三大因素。⑤ 张旭（2011）认为，网络信息生态链是动态发展且在不同阶段具有不同特点的、按照其信息主体

---

① 程彩虹、陈燕方、毕达宇：《数字图书馆信息生态链结构要素及结构模型》，《情报科学》2013年第8期。
② 王晰巍等：《网络团购中信息生态系统的演进及案例研究》，《情报科学》2018年第8期。
③ 谢佳、邓小昭、颜新祥：《电子政务信息生态系统失衡及其应对措施》，《西南师范大学学报》（自然科学版）2013年第3期。
④ 柯健：《网络教学信息生态系统评价研究》，《情报理论与实践》2011年第12期。
⑤ 张军：《网络信息生态失衡的层次特征透析》，《网络信息生态失衡的层次特征透析》2008年第7期。

间的关系归纳出网络信息生态链在发展过程中的阶段性特点,并根据这些特点判断该条网络信息生态链所处的阶段及发展方向。[①] 余小鹏、裴蕾(2008)认为,网络信息生态链的形成在于信息人为了自身的生存,本能地或自觉地适应、利用客观的信息环境,构建信息业务体系,进行一定具体内容的信息研究与服务,实现信息的消费循环,最终以此推动能量的流动和物质的更新。[②]

还有一些学者从网络环境下的信息活动特点及规律角度对网络信息生态链形成及其演化机理进行研究。马捷等认为,微博信息生态链的形成必须依赖三个核心关节,且缺一不可:微博信息生产环节、微博关注关系网络形成环节以及微博信息的评论与转发环节。王晞巍等认为,在网络团购信息生态链中,SNS 团购推广平台成为团购信息的传播渠道,它集合了多家的团购信息,为用户提供集合信息平台,同时帮助团购网站,尤其是新出现的团购网站进行推广,因此,团购推广平台在网络团购信息生态链中起着关键的信息组织作用。

(四)信息生态链运行机理研究

我国学者对于信息生态链运行机理研究主要包括两个方面:一是对一般信息生态链运行机理进行研究;二是针对特定信息生态链运行机理进行研究。

在一般的信息生态链运行机制研究方面,娄策群将网络信息生态链运行机制划分为信息流转、价值增值、协同竞争、互利共生以及动态平衡五个部分。在信息流转机制研究中,探讨了网络信息生态链信息流转的方式和模型,阐述了网络信息生态链信息流转的动力因子及其作用机理、动力来源和传导机理,分析了网络信息生态链信息流转效率的表现及影响因素;在价值增值机制研究中,阐述了网络信息生态链价值的概念与类型,探讨了网络信息生态链价值增值的类型与主要方式,分析了网络信息生态链价值增值的影响因素及其作用机理;

---

① 张旭:《网络信息生态链形成机理及管理策略研究》,博士学位论文,吉林大学,2011 年。

② 余小鹏、裴蕾:《Internet 环境下信息生态模型研究》,《情报杂志》2008 年第 8 期。

在协同竞争机制研究中，探讨了网络信息生态链协同竞争的主要形式，分析了网络信息生态链协同竞争的影响因素，总结了网络信息生态链协同竞争的基本规律；在互利共生机制研究中，探讨了网络信息生态链共生互利的概念和类型，分析了网络信息生态链共生互利的影响因素，总结了网络信息生态链共生互利的基本规律；在动态平衡机制研究中，从结构合理、功能良好和相对稳定三个方面探讨了网络信息生态链动态平衡的标志，以平衡范围、平衡力量和平衡结果为标准，对网络信息生态链动态平衡进行了分类，并分析了影响网络信息生态链动态平衡的因素。

对于特定信息生态链的运行机制研究，国内学者的研究相对较少，目前学者主要对商务网站信息生态链运行机制进行了较为细致的研究。张海涛等（2012）通过对商务网络信息生态链的构成要素及系统构建进行分析，将商务网络信息生态链运行机制归纳为八个子机制，分别为协同机制、合作共享机制、竞争机制、循环机制、安全保障机制、引导机制、反馈机制及价值机制。[①]

（五）特定类型的信息生态链实证研究

马捷等在《微博信息生态链构成要素与形成机理》一文中认为，在微博信息生态链中，信息人对信息的处理使信息人的身份在不断地发生转变，并且这种频繁的转换构成了链内节点间的强弱关系，进而阐述了由主观因素与客观因素共同主导下的微博信息生态链形成机理。霍明奎等（2012）着重构建了供应链信息生态链形成机理模型，并对供应链信息生态链的信息主体之间及其信息环境之间的信息互动进行了深入分析。[②] 程彩虹等在《数字图书馆信息生态链结构要素及结构模型》一文中，结合我国目前较为常见的高校数字图书馆、公共数字图书馆和科研机构数字图书馆的特点，将数字图书馆信息生态链分为单链型数字图书馆信息生态链及汇聚型数字图书馆信息生态链。

[①] 张海涛等：《商务网站信息生态系统构建与运行机制》，《情报理论与实践》2012年第8期。

[②] 霍明奎、张向先、靖继鹏：《供应链信息生态链形成机理研究》，《情报科学》2012年第10期。

赵云合从七个方面论述政务信息生态链的功能，即实现政务信息流转，为政务信息共享提供平台，实现政务信息升级，实现政务信息价值增值，在政务信息人之间建立起密切的联系，增强政务信息生态系统的稳定性，兼有命令链、控制链和协调链的功能。

三　信息生态平衡相关理论研究

(一) 信息生态平衡基本理论研究

娄策群、赵桂芹（2006）认为，信息生态系统结构优化是构建和谐社会的重要内容，信息生态系统功能良好能促进人类社会进一步和谐，信息生态系统相对稳定会促进社会和谐发展。[①] 韩子静（2008）认为，当生态循环的建设和发展到成熟阶段时，各类信息的比重、数量和信息的流量趋于稳定，系统生态环境达到平衡。[②] 陈曙（1995）认为，信息生态平衡是指系统的各结构要素、比例、输入和输出数量等都处于稳定或畅通的状态。[③] 魏辅轶、周秀会（2010）认为，信息生态系统平衡主要是指信息产品的生产与消耗之间的平衡。[④] 王伟赟、张寒生（2007）认为，信息人通过信息技术与外界信息环境之间进行信息交换，从而构成了一个信息生态循环，当生态循环的建设和发展到达成熟阶段时，各类信息的比重、数量和信息的流量趋于稳定，系统生态环境达到平衡。[⑤] 在对特定信息生态系统平衡的研究中，刘洵（2013）认为，数字图书馆信息生态系统平衡是指数字图书馆信息生态系统各要素之间协调互补、系统结构优化、功能良好的一种相对的稳定状态。[⑥] 张东华、鲁志华（2010）认为，数字档案馆信息生态平衡是指在数字档案馆生态系统中，信息主体与信息协调发展，信息主

[①] 娄策群、赵桂芹：《信息生态平衡及其在构建和谐社会中的作用》，《情报科学》2006年第11期。

[②] 韩子静：《信息生态系统初探》，《图书情报工作》2008年增刊第2期。

[③] 陈曙：《信息生态的失调与平衡》，《情报资料工作》1995年第4期。

[④] 魏辅轶、周秀会：《信息生态系统构建核心问题研究》，《图书馆工作与研究》2010年第7期。

[⑤] 王伟赟、张寒生：《和谐社会的信息生态构建研究》，《情报理论与实践》2007年第6期。

[⑥] 刘洵：《数字图书馆信息生态系统平衡调控机制研究》，《内蒙古科技与经济》2013年第10期。

体与信息环境也相互协调,整个系统的信息流转畅通高效。①

从目前我国学者对信息生态平衡基本理论研究的整体情况来看,学术界对信息生态平衡这一概念已经初步达成共识,对信息生态平衡这一概念可以理解为信息生态系统内部组织结构合理、系统内部与外部保持稳定的能量交换、系统内各要素间相互协调互补的一种整体稳定的状态。

(二)信息生态平衡的运行机制探讨

娄策群等(2009)认为,信息生态系统的平衡机制可以划分为实现机制、维持机制与恢复机制。在平衡实现机制中,正反馈、信息生态位分化与信息生态链(网)形成有利于信息生态系统实现平衡;价值追求、竞争、信息行为自律和监管能维持信息生态系统保持平衡状态;人工调控和系统内部调节则能使失衡的信息生态系统恢复平衡。② 李杨等(2011)通过对网络环境下信息生态失调的探讨,结合网络信息生态的特点,引入恢复力的概念。恢复力可以理解为系统对抗内外压力和变迁而保持生产力和功能的能力,或者是系统受到干扰后能够自我组织重建的能力。③ 程琳、邹正宇(2011)认为,信息场是促进教育信息生态系统平衡的决定因素,影响教育信息生态系统平衡的作用机制包括信息场源的协同进化机制、信息场强的相互竞争机制和信息场能的维持机制等。④ 刘洵认为,数字图书馆信息生态系统的平衡机制包括适应机制、竞争共生机制及反馈机制,并认为对数字图书馆信息系统进行平衡调控的目的是要将数字图书馆建成一个高效和谐的信息系统,使其内部各要素之间的信息流动和传递环环相扣,形成发达的共生关系,系统的功能、机构充分协调,系统内部的损失最小,

---

① 张东华、鲁志华:《数字档案馆信息生态平衡及其策略研究》,《湖北档案》2010年第8期。

② 娄策群、赵云合、齐芬:《信息生态系统的平衡机制》,《图书情报工作》2009年第18期。

③ 李杨、姚娜、杜子平:《网络信息生态系统恢复力研究》,《图书馆学研究》2011年第15期。

④ 程琳、邹正宇:《信息场促进教育信息生态系统平衡的作用机制研究》,《情报科学》2011年第5期。

信息传播速度及利用率达到最高水平。张云中、杨萌（2010）针对信息生态系统内各要素间的作用规律，通过借鉴五行学说思想，得出了信息生态系统平衡与失衡是要素间生克关系的作用结果这一结论，找到了信息生态系统失衡的核心原因。①

在对信息生态平衡运行机制方面的研究中，我国学者目前还未形成较为统一的意见和观点。学者在对不同信息生态系统或信息生态链进行研究时，根据其研究对象所具有的特殊性进行了深入细致的分析，并结合生态系统平衡等相关理论，对各类信息生态系统的平衡机制进行了理论研究。就目前来看，我国学者对于信息生态平衡的研究仍主要集中于理论分析阶段，仍然欠缺客观数据作为支撑依据。

（三）信息生态平衡的评价及测度方法研究

李北伟等（2013）在从五个方面对网络信息生态链进行综合评价：网络信息生态链的基本组成要素、网络信息生态链的竞争力、网络信息生态链信息流畅性、网络信息生态链的价值、网络信息生态链的稳定性。同时，在我国现存的最具代表性的半强势网络信息生态链中选取淘宝网和腾讯拍拍为例进行实证分析。② 张向先等（2013）从网络信息生态链的结构组成、信息流转、运行成本、功能价值和保障机制五大要素入手，构建网络信息生态链的评价指标体系，并基于层次分析法对网络信息生态链的效能进行评价，进而提出网络信息生态链效能的提升策略。③ 姜婷婷、陆伟（2004）提出了由业务环境、内容和用户三个要素组成的万维网信息生态模型，并基于这一模型介绍了信息构建的基本内容以及信息构建师与信息构建团队。④ 程琳（2014）认为，网络信息生态链中的供需平衡主要包括信息的生产、

---

① 张云中、杨萌：《基于五行学说的信息生态系统运行机制研究》，《图书情报工作》2010年第11期。

② 李北伟等：《网络信息生态链评价研究——以淘宝网与腾讯拍拍为例》，《情报理论与实践》2013年第9期。

③ 张向先、史慧、江俞蓉：《网络信息生态链效能的分析与评价》，《图书情报工作》2013年第15期。

④ 姜婷婷、陆伟：《基于万维网信息生态系统的信息构建》，《情报学报》2004年第3期。

供给和利用三个影响因素，并认为，网络信息生态链中的供需平衡是其生态化程度的一个子维度。运用层次分析法构建了信息生态链供需平衡测度指标体系，并以"农村中小学现代远程教育资源网"为例进行了实证测评。①张宇光等（2012）从信息生态链角度对图书馆信息生态链内各要素进行分析，运用层次分析法提出图书馆信息生态链评价方法。并根据上海应用技术学院图书馆实际情况，对近三年数据进行分析研究。②

我国学者在信息生态平衡的评价及测度方面的研究已经趋于成熟。由于我国学者对于信息生态系统组成结构、系统内部运行机制、信息生态平衡机制等方面进行过深入研究，因此，在信息生态平衡的测度及评价研究方面已经具备了较为丰富的理论基础。我国学者在这一方面的研究也较为全面。

（四）信息生态失衡及治理措施研究

网络信息生态失衡造成的信息综合征、信息效用低下以及社会伦理和社会主流文化受到冲击等各种负面影响。③谢镕键（2013）对公益网站信息生态规划的三要素进行分析，并与社会心理学相结合，总结出一套公益网站信息生态系统的规划方法。同时，他还从信息构建的原理、与信息生态的关系、信息构建具体步骤与方法等方面进行探索，并与认知心理学相结合，总结出一套公益网站的系统开发方法。④陈曙（1995）从信息超载、信息垄断、信息侵犯、信息污染和信息综合征五方面剖析了信息生态失调的基本形态。⑤

信息生态学的研究内容以及研究目的是通过借鉴生态学理论对信息生态失衡问题进行剖析，以期得出合理有效的治理措施。而目前我

---

① 程琳：《网络信息生态链供需平衡度测评及教育网站实测研究》，《图书情报工作》2014年第8期。
② 张宇光、黄永跃、林宏伟：《基于信息生态链的高校图书馆定量评价研究》，《现代情报》2012年第4期。
③ 刘珍、过仕明：《网络信息生态系统优化路径研究》，《情报科学》2017年第3期。
④ 谢镕键：《公益网站信息生态规划与信息构建》，博士学位论文，武汉大学，2013年。
⑤ 陈曙：《信息生态失调的剖析》，《山东图书馆季刊》1995年第4期。

国学者对信息生态失衡问题的研究整体仍停留在信息超载、信息垄断、信息侵犯、信息污染等宏观层面，尽管存在一些学者对失衡的表现及原因进行过研究，然而，针对特定研究对象的具体失衡表现及失衡原因等方面的研究仍然有所欠缺。

第五节　商务网络信息生态相关理论研究

（一）电子商务生态系统理论研究

谢荆晶（2009）从生态学角度出发，认为电子商务生态系统内部和外部均存在多样性。其中，电子商务生态系统内部多样性包含商业多样性与人力资源多样性；外部多样性包括企业所处的外部生态环境多样性，具体包括与其他企业之间的沟通、竞争、合作与相互适应等。[1] 杨艳萍、李琪（2008）认为，在一个完善的电子商务生态系统中，竞争对手不是敌人而应该是伙伴，企业之间的竞争更多地表现为一种协作关系。借助互联网平台，消费者、企业、价值链中各个合作企业共同构成了电子商务环境下的商业生态系统体系。[2] 胡岚岚、卢向华、黄丽华（2009）通过对电子商务生态系统中领导种群、关键种群、寄生种群以及支持种群等进行研究，认为电子商务生态系统具有高更新率、核心企业具有绝对领导地位、系统边界高模糊性以及系统环境高威胁性等特点。[3] 胡岚岚还认为，所谓"平台型电子商务生态系统"，即一系列关系密切的企业和组织机构，超越地理位置的界限，将互联网作为竞争和沟通环境，围绕核心平台型电子商务企业，通过

---

[1] 谢荆晶：《电子商务生态系统中的多样性研究》，《科技情报开发与经济》2009年第2期。

[2] 杨艳萍、李琪：《电子商务生态系统中企业竞争策略研究》，《科技和产业》2008年第9期。

[3] 胡岚岚、卢向华、黄丽华：《电子商务生态系统及其演化路径》，《经济管理》2009年第6期。

各种形式进行优势互补和资源共享，结成的一个有机的生态系统。①

从以上国内学者对电子商务生态系统理论的研究可以看出，我国学者对电子商务生态系统的概念、构成及其特点均进行了较为全面的研究，对电子商务生态系统的基本构成要素已初步达成共识。

（二）商务网络信息生态链理论研究

张向先认为，在电子商务信息生态系统中，信息生态链是存在于特定信息生态中的由多种要素构成的信息共享系统。信息生态链由主干链和支撑链构成，主干链由信息人构成，支撑链由信息环境构成，在信息流的作用下，它们共同组成了商务网络信息生态链。同时，他还认为，商务网站信息生态链具有关联性、功能性、动态性及协调性等特点。杨小溪（2012）认为，商务网络信息生态链是以电子商务的运行与管理为核心，由相关网络信息主体所构成的链式依存关系。产品提供者、电子商务平台以及用户是开展商务活动的网络主体，管理节点是对商务网络信息生态链进行管理的相关机构。②冷晓彦等（2014）结合商务网站的本质特征，从内部和外部两个维度进行了详细的分析与论述，深入地探讨了商务网站信息生态系统的各组成要素，从而提出了商务网站信息生态系统的概念。③许孝君（2014）认为，在商务网络环境下，为了确保可用的商务网络信息能够高效、高速地传递，商务网站以信息技术为支撑，围绕核心节点按照各自的功能及特点形成有序的链状或网络状结构，完成信息共享与协同，获取信息价值增益的同时实现企业利润最大化，这种结构即为商务网络信息生态链。④

结合目前我国学者对电子商务信息生态已有的相关研究，可以确定学者在以下两点已经形成共识：一是电子商务信息生态系统中存在

---

① 胡岚岚：《平台型电子商务生态系统及其自组织机理研究》，博士学位论文，复旦大学，2010年。
② 杨小溪：《网络信息生态链价值管理研究》，博士学位论文，华中师范大学，2012年。
③ 冷晓彦等：《商务网站信息生态系统运行机制研究》，《情报科学》2014年第2期。
④ 许孝君：《商务网络信息生态的形成机理与运行机制研究》，博士学位论文，吉林大学，2014年。

多条不同类型、不同功能的商务网络信息生态链；二是由消费者、电子商务网站、商家形成的商务网络信息生态链是电子商务生态系统中的核心结构。

(三) 电子商务信息生态失衡及其治理研究

李吉认为，电子商务生态环境的失衡主要表现在电子商务网站上虚假信息泛滥，信息更新不及时，网络安全无法保障，检索结果不尽如人意。他还认为，造成电子商务信息生态环境失衡的原因在于组织和控制性缺失、虚拟环境下伦理道德准则低、网络建设技术支持不足、法律惩戒制度不健全等，并在宏观、中观和微观三个层面对电子商务生态环境的改善提出了具体措施。刘英认为，优化电子商务生态环境应当遵循保持电子商务生态环境因子高度先进、环境因子之间相互协调以及生态因子满足主体需求等原则，她还提出，通过加强基础设施投入，提高互联网普及率，制定有效法规政策，稳定电子商务市场环境，增强各种认证技术，确保交易安全、快捷，联盟各生态主体，提供功能完善的电子商务平台，共建良好的信用体系，打造友好支付环境，建设现代化物流体系，提高物品流转效率等措施，对电子商务生态环境进行优化治理。

目前，我国学者对电子商务生态失衡的研究大多仍处于较为宏观的理论层面，例如，信息超载、虚假信息泛滥、信息安全隐患等多方面问题导致信息生态失衡已成为业内学者的共识。然而，针对具体特定类型信息生态链失衡，抑或是特定信息生态链平衡状态的形成及维持等方面的研究仍然不足，因此，也就自然在治理措施研究中难以提出具体的实施办法。

第六节　研究内容与研究方法

一　研究内容

第一章介绍选题背景与研究意义、研究内容与研究方法，描述本书的研究思路及其技术路线，提出本书研究的创新之处。

第二章通过对国内外大量相关文献进行收集和整理，系统地归纳出相关的理论观点，对商务网络信息生态链平衡的基础理论问题进行了深入探讨。通过对网络信息生态链平衡的内涵及平衡的类型、商务网络信息生态链的构成要素及类型等方面进行较为系统的分析和研究，提出了商务网络信息生态链平衡状态的概念以及所具有的四个基本属性。

第三章分析商务网络信息生态链平衡状态的表现形式，归纳并总结了商务网络信息生态链的平衡标准。通过对国内外大量的相关文献进行收集和整理，并系统地归纳出相关的理论观点，明确商务网络信息生态链平衡的概念，深入阐述商务网络信息生态链平衡的内涵及其所具有的特定属性。在此基础上提出商务网络信息生态链平衡状态的标准，并选取合适的观测指标，对商务网络信息生态链平衡状态进行观测。我们认为，商务网络信息生态链平衡主要表现为链的结构较为合理、功能发挥良好和整体保持相对稳定三个方面。具体来说，主要包括信息人类型保持稳定，存在一定数量的信息生产者与信息消费者，各类信息人之间保持比例协调，信息主体间的信息供求匹配，信息流转效率高，同类及异类信息环境因子彼此相互协调，信息主体之间的信息供求匹配，信息流转效率高，同类及异类信息环境因子彼此相互协调。通过对商务网络信息生态链平衡表现形式的分析，为后续影响因素的提出提供了理论依据。

第四章借鉴信息生态学、网络信息生态链、电子商务等相关领域的理论基础及研究成果，通过运用文献分析法、专家调查法、头脑风暴法等研究分析方法，对商务网络信息生态链平衡要素进行分析，对可能影响商务网络信息生态链平衡的要素进行归纳和筛选，并借鉴国内外已有研究，选择合理观测指标进行反映。通过理论分析列举出商务网络信息生态链平衡的主要影响因素，并通过专家调查法对影响因素的重要性进行分析。最后，通过借鉴国内外已有的相关理论基础及实现研究，选取商务网络信息生态链平衡影响因素及表现形式的观测指标，为后续研究打下了良好基础。在商务网络信息生态链平衡影响因素的理论分析研究中，通过借鉴信息生态学、网络信息生态链、电子商务等相关领域的理论基础及研究成果，对影响商务网络信息生态链平衡的主要影响因素进行了细致的说明。在对商务网络信息生态链平衡影响因素重要性分析过程中，首先对选择专家调查法作为影响因素重要性分析研究方法的原因做出解释，之后通过研究小组内部分析探讨，并在与相关研究人员共同协商后，制定影响因素重要性调查问卷，并最终确定了商务网络信息生态链平衡影响因素的各项指标。在平衡影响因素及表现形式的观测指标选取的研究过程中，主要借鉴了国内外关于电子商务活动及用户感知等方面的研究成果及理论，选取了能够反映各影响因素及表现形式的观测指标，为后续研究打下基础。

第五章构建商务网络信息生态链平衡影响因素模型，并运用统计分析方法，对模型进行验证分析。根据前文已有的研究基础，构建商务网络信息生态链平衡影响因素模型，并对所列出的影响因素对表现形式的影响做出理论假设。之后，选择商务网络信息生态链中的下游节点，即消费者为受调查群体对商务网络信息生态链平衡要素与标准之间关系进行调查。并对这一做法给出了合理的解释。在选定调查对象后，经过反复的研究和调整，最终制定了商务网络信息生态链平衡影响因素及表现形式调查问卷。

第六章深入分析商务网络信息生态链平衡影响因素的作用机制。在已有研究结果的基础上，对商务网络信息生态链内在平衡机制进行深入分析，同时分析各类影响因素对商务网络信息生态链平衡状态所产生的影响，从理论分析角度对影响因素的作用强度进行定性分析。首先，对采集到的调查数据进行了相关统计分析，通过分析样本数据的信度和效度，认为样本数据具有较好的收敛效果，适合用于结构方程的统计分析。其次，将数据导入预先设定好的商务网络信息生态链平衡影响因素及表现形式的结构模型中，通过分析和调整模型，使模型适配度达到合理标准。最后，对分析结果进行详细说明。通过整体研究发现，根据理论提出的上述影响因素，除信息传递者质量这一因素外，均对商务网络信息生态链的平衡状态产生显著影响，并且对信息传递者质量对平衡影响不显著做了合理的分析和说明。通过本章节的研究，我们验证了先前的理论假设，说明预先的理论分析是科学合理的。通过对研究结果分析各影响因素对平衡具体表现形式的影响，为后续提出商务网络信息生态链平衡策略提供理论依据。

第七章对全书进行总结，提出本书的研究结论及局限性，并提出了今后进一步研究的方向。

二 研究方法

（一）文献调查法

首先，利用手工和网络两种检索方式，搜索近几年的图书、杂志、报纸、数据库和网上信息资源，收集相关资料，进行仔细阅读并分析，了解和分析国内外与本书研究相关的研究成果和国内外网络信息生态链构建与运行的部分现状。

其次，对国内外学者关于电子商务活动等相关研究进行梳理，借鉴和采纳已有研究成果。

（二）网络观察法

在网络上对商务网络信息生态链中信息主体的行为及信息流转过程进行观察，收集相关数据，为分析商务网络信息生态链平衡的影响因素、平衡与失衡的表现形式、调查问卷的设计等提供第一手资料。

（三）问卷调查法

本书在研究过程中多次采用封闭式问卷调查方法用于以下几方面的研究：①调查获取有关专家对商务网络信息生态链平衡影响因素重要性的评判，为后续研究奠定理论基础；②调查获取消费者对商务网络信息生态链平衡影响因素及状态的感知评价，对调查数据进行数理统计分析。上述研究中，以问卷调查为基础，利用验证性因子技术对问卷调查所获数据进行分析，检验并修正所提出的假设模型。

（四）访谈法

访谈法是现代管理科学研究中经常采用的一种研究方法。在研究中，主要在确定商务网络信息生态链平衡影响因素指标体系时，通过对有关专家及研究人员进行访谈，对商务网络信息生态链平衡影响因素重要性调查问卷中的指标设计、指标描述等问题进行研究和修改，为后续研究提供保障。

(五) 演绎推理法

演绎推理法是社会科学定性研究的一种主要方法。本书运用演绎推理法，构建了商务网络信息生态链平衡的概念体系和基本的理论框架。之后，通过对商务网络信息生态链平衡表现形式及影响因素的逻辑推理，逐层分析各影响因素的具体指代及影响因素的观测指标。最后，通过对主体部分的研究，归纳商务网络信息生态链平衡影响因素及表现形式之间的相互关系，提出商务网络信息生态链平衡影响因素及表现形式的概念模型。

(六) 逻辑分析法

逻辑分析法是本书采用的一种主要研究方法，综合运用归纳与演绎、比较与类比、分析与综合等方法，对研究内容的多个方面进行研究。

(七) 定量分析法

采用结构方程方法对商务网络信息生态链平衡的影响因素进行分析；采用层次分析法、模糊综合评判法建立商务网络信息生态链平衡的测度模型等。

三　研究的技术路线

本书研究的技术路线大致如图 1-7 所示。

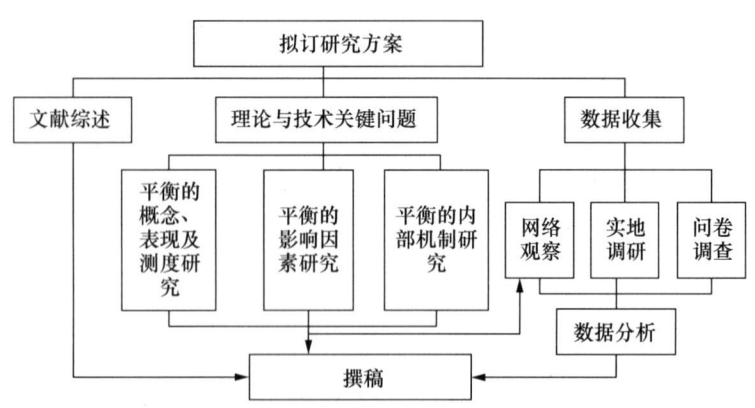

图 1-7　本书研究的技术路线

四 研究过程

本书研究过程主要分为五个阶段。

第一阶段：定性研究。本阶段的研究工作主要是通过对国内外与电子商务信息生态平衡相关的文献进行收集和整理，对已有研究成果及理论观点进行系统的梳理，确定商务网络信息生态链平衡的表现，归纳总结商务网络信息生态链平衡的影响因素，通过和有关专家之间的密切沟通和深入交流，确定商务网络信息生态链平衡影响因素的重要性，并在此基础上，就影响因素对表现形式的影响做出理论假设，同时构建商务网络信息生态链影响因素与表现形式间的概念模型。

第二阶段：确定理论假设的检验方法。本阶段研究是在第一阶段研究的基础上，通过对理论假设问题的细致分析，确定假设的验证方法。如何选取商务网络信息生态链影响因素的观测指标是本阶段研究的重点，也是难点。通过对目前网络信息生态链平衡研究、用户满意度研究、电子商务网站用户信任度研究等多个领域、各个方面的研究成果、理论基础的归纳和梳理，试图寻找能够较为准确地反映商务网络信息生态链平衡影响因素的观测指标。在确立观测指标后，经过反复研究，制定了商务网络信息生态链平衡影响因素及表现形式调查问卷。

第三阶段：对构建的商务网络信息生态链平衡影响因素与表现形式的结构模型进行验证。在上一阶段研究的基础上，通过回收调查问卷，对调查结果进行了统计分析，运用 SPSS 软件，对调研样本数据的信度和效度进行了检验，从检验结果来看，样本数据具有较好的收敛效果，可以用于本项研究。之后，通过运用 AMOS 软件进行了样本数据的验证性因素分析。最后，在相关理论的基础上对模型进行了适度的调整，使各项指标最终达到了较为满意的检测数值。

第四阶段：实证研究结果的分析讨论。通过对上述研究的结果进行分析，深入探讨商务网络信息生态链各影响因素对平衡具体表现形式之间的因果关系，并对不符合原假设的问题进行了合理的分析和解释。为后续提出商务网络信息生态链平衡策略提供理论依据。

第五阶段：平衡策略的提出及总结。在本阶段的研究中，主要注重在先前研究结果的基础上，对商务网络信息生态链在形成平衡、维持平衡、恢复平衡等方面提出具有针对性的策略。最后，对全书进行结论性总结，并指出研究局限，并为后续研究提出具体的研究方向。

五　研究创新

（一）首次清晰地阐述了商务网络信息生态链平衡概念，明确了商务网络信息生态链平衡标准

从目前国内外的已有研究来看，尽管学者对于网络信息生态链平衡，或者对商务网络信息生态链平衡的概念已经初步达成共识，但其概念的描述和界定较为模糊，对平衡状态的表现没有明确的阐述和深入分析。因此，本书在前人研究的基础上，首次提出了商务网络信息生态链平衡这一概念，并对商务网络信息生态链平衡状态的标准进行了制定和筛选。尽管在某些方面衡量其平衡状态的标准同样存在较为模糊或难以定量的问题，然而，在合理选取平衡标准的观测指标后，这一问题在较大程度上得到了有效解决，使商务网络信息生态链的平衡状态能够在可操作性的基础上客观地进行反映。

（二）系统地归纳了商务网络信息生态链平衡状态的影响要素

尽管许多学者对信息生态系统、网络信息生态链、电子商务信息生态系统的形成、演进及平衡等方面进行了诸多研究，其中不乏对其运行机制下的各类影响因素的归纳及理论分析。然而，从目前的已有研究来看，学者仅仅在理论层面对影响因素进行阐述，并为能够通过实证的方式对所提出的影响因素进行验证。鉴于此，本书在结合相关学科领域研究成果的基础上，对所提出的影响要素进行了归纳，并通过调查统计分析所得出的结果对预先提出的影响要素进行了验证，保证了所提出的影响要素具有科学性和合理性。

（三）尝试性地选取合理的观测指标对商务网络信息生态链平衡状态进行观测，并制定了商务网络信息生态链平衡机理研究量表

对于如何将信息生态学、网络信息生态链、电子商务生态等方面的研究与实际的电子商务活动情况相对应始终是此类相关研究中的重点和难点。同时，目前已有的相关研究中尚没有较为明确的商务网络

信息生态链平衡测度指标体系或者商务网络信息生态链平衡测度量表。因此，本书在保证可操作性及合理性的前提下，结合专家调查等方法，尝试性地选取了能够反映商务网络信息生态链平衡状态的观测指标。尽管所选取的观测指标与平衡要素之间尚不能一一对应，但是，从得出的研究结果来看，仍不失为一次较为成功的尝试性创新，同时也为进一步完善商务网络信息生态链平衡状态测度量表打下良好的基础。

（四）运用调查问卷、统计分析等方法，验证了理论假设，并深入分析了商务网络信息生态链平衡内部机制

在本书研究中，选取以消费者感知作为研究视角，通过调查消费者对商务网络信息生态链中传递的信息、上游信息主体、信息环境等多个方面的感知评价，运用统计分析方法，在整体上验证了预先提出的影响要素的确对商务网络信息生态链的平衡状态存在影响。同时，通过此次调查研究，更加深入地发现某些要素对商务网络信息生态链平衡状态的某个方面产生影响，也存在一些要素对平衡状态的某个方面不产生显著影响。提出此类观点在电子商务信息生态相关研究领域中尚属首次。

第二章 商务网络信息生态链平衡的基础理论

商务网络信息生态链平衡理论是建立在一系列相关理论基础之上的。本章主要讨论商务网络信息生态链平衡的理论基础，具体包括信息生态平衡理论、信息生态链理论、商务网络信息生态链平衡理论以及网络信息生态链稳定性理论四个部分。

第一节 信息生态平衡理论

一 信息生态平衡的概念

美国著名学者威廉·福格特（William Vogt）在其书《生存之路》一书中首次提到"生态平衡"一词，他强调人类应当正确处理与自然环境之间的相互关系，自然生态平衡若遭到破坏，则人类文明也必然受到毁灭。尽管他强调了自然生态平衡对人类发展的意义，然而并没有较为明确地阐述生态平衡这一概念的本质。英国生态学家坦斯勒认为，生态系统的各部分，如生物与非生物、生物群落与环境，可以看作处在相互作用中的因素，而在成熟的生态系统中，这些因素接近于平衡状态。钱俊生等认为，生态平衡是指生态系统的各成分之间相互适应、相互协调、相互补偿，使整个系统结构、功能良好的一种状态。[①]

1997年，美国管理科学家托马斯·达文波特首次提出了"信息生态学"概念，他将生态理念引入信息管理中，从而开辟了信息管理的新领域。信息生态平衡是信息生态系统的各个要素及输入和输出数

---

① 钱俊生、余谋昌：《生态哲学》，中央党校出版社2004年版。

量等都处于稳定或通畅的状态。系统内部因自我恢复能力或者外部的力量调节而维持了系统的平衡[1]，是指信息生态系统中信息人种类和数量等合理匹配、信息生态环境因子相互协调、信息人与信息生态环境高度适应、整个系统的信息流转畅通高效的相对稳定状态。[2] 信息生态失调是指信息—人—环境之间的非平衡状态。从系统角度看，如此状态可以解释为：信息生态系统内部与外部交换的信息受阻或其自身要素与子系统之间的比例失调等。[3] 信息生态平衡的本质就是社会活动主体与社会信息环境的和谐，是和谐社会中人与环境和谐相处的重要内容。[4]

我们认为，信息生态平衡是指信息生态系统的构成要素相互协调、各种功能正常发挥且相对成熟稳定的状态。信息生态是信息人在信息环境下通过信息活动而形成的依存关系。信息人与信息环境是信息生态的两大组成部分。信息人包括信息生产者、信息传递者及信息消费者；信息环境则包括制度环境、技术环境、道德环境等。在信息流转过程中，各类信息人通过信息流转而形成相互合作、相互依赖的关系，信息人与信息环境之间也在不断地相互作用。信息人之间能够保持长期稳定的依存关系，信息人能够合理地开发利用信息环境，信息环境因子之间能够保持相互协调是信息生态平衡的必要条件。

二 信息生态平衡的表现

生态平衡是在一定的时间和相对稳定的条件下，生态系统内各部分（生物、环境和人）结构和功能处于相互适应与协调的动态平衡，生态平衡是生态系统的一种良好状态。[5] 当生态循环的建设和发展到达成熟阶段时，各类信息的比重、数量和信息的流量趋于稳定，系统

---

[1] 张彩云：《信息生态的几个问题》，《经济论坛》2001 年第 6 期。
[2] 娄策群、赵桂芹：《信息生态平衡及其在构建和谐社会中的作用》，《情报科学》2006 年第 11 期。
[3] 陈曙：《信息生态的失调与平衡》，《情报资料工作》1995 年第 4 期。
[4] 蒋录全：《信息生态与社会可持续发展》，北京图书馆出版社 2003 年版。
[5] 曹凑贵：《生态学概论》，高等教育出版社 2002 年版，第 282 页。

生态环境达到平衡。① 网络信息生态链动态平衡的主要标志包括网络信息生态系统结构合理、功能良好和相对稳定三个方面。②

（一）信息生态系统结构合理

信息生态系统结构优化是指信息生态系统的各组成部分相互匹配、相互协调、相互适应、相互补充。具体包括以下三个方面：一是信息人之间的合理匹配。信息生产者、传递者和消费者之间的数量需要保持合理匹配，对于特定的信息生态系统来说，仍须存在特定的信息监管者。信息生态系统处于平衡状态，不仅意味着某一时刻的各类信息人比例协调，还说明各类信息人的数量在动态变化过程中也保持着适当的比例。各类信息人的数量都不应当过多或过少，这样，才能既保证信息资源得到有效利用，又保持同类信息人之间的良性竞争以及异类信息人之间的和谐共生。二是信息生态环境因子的相互协调。信息生态系统平衡的一个主要方面就是信息生态环境平衡，这种平衡状态则是由于信息生态环境因子之间的相互协调而形成的。技术因子、制度因子、时空因子等各类环境因子的协调才能够保证信息生态系统内信息功能的正常发挥，进而维持信息生态平衡。三是信息人与信息生态环境高度适应。信息人只有在能够较好地适应信息生态环境的前提下，信息生态系统才有可能达到平衡。信息人的信息意识和信息素养与其所处环境要求的信息技术、信息制度等方面若发生矛盾或难以融合，不仅会造成信息资源难以有效利用而导致资源浪费，还会阻滞信息流转功能的正常发挥。因此，信息人只有不断地适应信息环境及其发生的变化，才能够有效地利用信息资源，并强化其信息功能，进而促进信息生态平衡的形成及维持。

（二）信息生态系统功能良好

信息流转功能是信息生态系统的基本功能，也是核心功能。平衡状态下的信息生态系统，首先，需要保持信息渠道的稳定畅通，在信

---

① 韩子静：《信息生态学与信息生态系统平衡研究》，硕士学位论文，浙江大学，2008年。
② 毕达宇、娄策群、张苗苗：《网络信息生态链稳定性研究》，《情报科学》2014年第7期。

息流转过程中不能因渠道的阻塞、断裂、缺损等而造成信息无法正常流转。其次，信息生态系统中的信息流转及时，不同的信息生态系统中信息流转的速度可能存在差异。处于平衡状态的信息生态系统需要保证信息能够及时传递，从而满足下游信息人的信息需求，保证信息资源能够得到有效利用。最后，信息转化准确。平衡状态下的信息生态系统内，信息能够准确地得到转化，能避免信息转化过程中造成的信息损耗、信息失真等问题，从而保证平衡状态的稳定。

（三）信息生态系统相对稳定

信息生态平衡是指信息生态系统具有较好的稳定性的平衡。信息生态系统是在不断地运动和变化中发展与演化的，信息生态系统平衡同样需要满足系统在这种动态变化过程中保持整体的稳定。这种整体稳定既需要信息人之间、信息人与信息环境之间、信息环境因子之间时刻保持协调稳定，还需要保证信息生态系统内部各要素在与外部进行能量交换时同样保持相对稳定。若信息生态系统经常发生功能失灵、上下游信息环境因子间经常产生矛盾，则信息生态系统整体的稳定性就较弱，也就不容易形成平衡状态；反之，若信息生态系统内各要素能够长期保持相对的稳定状态，则信息生态系统的平衡状态也就越不容易被破坏。

三 信息生态平衡的类型

信息生态平衡可按多个标准进行分类。根据其平衡范围大小不同，信息生态平衡可分为整体平衡与局部平衡；根据其平衡力量来源不同，信息生态平衡可分为内力平衡与外力平衡；根据其平衡变化结果不同，信息生态平衡可分为还原平衡与演化平衡。

（一）整体平衡与局部平衡

整体平衡是指信息生态系统中各类信息主体之间在结构与功能上都达到相对稳定的平衡状态，信息生态系统中少数信息主体之间的某些方面出现小的波动，也属于平衡的范畴。局部平衡是指在信息生态系统中某些信息主体之间在结构与功能上达到相对稳定的平衡状态。

信息生态系统的开放性决定了其在不断变化，即使当系统整体维持在相对稳定的状态下，仍会发生波动，而这种改变可能会造成系统内某几个同类节点间或上下游节点间产生局部的、程度较低的失衡现象。任何一个信息生态系统都会经历从非稳态向稳态发展，这种由非稳态向稳态发展的本质就是信息生态系统的局部平衡范围的不断扩大，当局部平衡的范围扩大至整个信息生态系统时，信息生态系统就达到了整体平衡的状态。

（二）内力平衡与外力平衡

内力平衡是指信息生态系统在运行过程中通过自身力量进行自我调节从而维持平衡状态；外力平衡是指信息生态系统在运行过程中借助外部力量来维持平衡状态。

内力平衡利用信息生态系统自身机能维持平衡，如提高信息技术水平、制定信息管理制度、提高信息人才素养等。一般来说，当信息生态系统的外部环境影响力较弱，或者系统本身抗干扰和恢复平衡的能力较强时会通过内力平衡来维持链的稳定。一方面，对于由内部因素引起的变化，信息生态系统可以通过内力平衡自我消化和补救；另一方面，对于由外部因素引起的变化，信息生态系统除了可以通过内力平衡自我消化和补救，还能够调整和改造进入系统内的外部因素，使其性质符合维持系统内平衡稳定的要求。

当信息生态系统依靠自身力量无法维持平衡状态时，只能依靠外部力量来维持链的平衡，如在虚假商品较多的电子商务信息生态系统中，当依靠买家和平台的监督无法控制时，必须引入相关政府部门进行监管。一般来说，当信息生态系统的外部环境影响力较强，或者系统本身的抗干扰和恢复平衡的能力较弱时会通过外力平衡来维持系统的稳定。不同信息生态系统的外力平衡方式不同，有的链会首先进行自我调节，当自身能力不足以维持平衡时，会借助外部力量来帮助其维持平衡；有的系统则一开始就从外部环境中寻求干预，主要是借助外部力量来维持平衡。

（三）还原平衡与演化平衡

还原平衡是指当平衡状态发生变化后，信息生态系统通过一定的方式使之恢复到原来的平衡状态。演化平衡是指当平衡状态被破坏后，信息生态系统通过一定的方式使其演化为新的平衡状态。

当信息生态系统的平衡被破坏后,若信息生态系统可以恢复且系统中信息主体愿意将生态系统恢复到原来的平衡状态,则会发生还原平衡。当变化波动较小时,信息生态系统能够通过自身的能力还原到之前的平衡状态;当变化波动较大、信息生态系统无法通过自身能力恢复平衡时,也可在外力的帮助下还原到之前的平衡状态。

信息生态系统的演化平衡可分为被动演化平衡和主动演化平衡。信息生态系统的平衡被破坏后,通过内力和外力都无法恢复到之前的平衡状态,只能建立新的平衡,这就是被动演化平衡。信息生态系统的平衡被破坏后,原本可以恢复但信息主体不愿意恢复到之前的平衡状态时,信息生态系统就会实现新的平衡,这就是主动演化平衡。一般来说,被动演化平衡会导致信息生态系统的退化,而主动演化平衡则是信息生态系统为了使结构更为合理、功能更加强大而产生的,因此会带来信息生态系统的进化。

第二节　网络信息生态链理论

一　网络信息生态链的概念

1998年4月,美国商务部发表的一份研究报告中首次将互联网与生态学理论进行了关联。将网络与生态学联系在一起是在1998年4月中旬,美国商务部发表了一份《浮现中的数字经济》的研究报告,称赞"由互联网增长所驱动的信息技术进步,对创造这个比预期更健康的经济做出了贡献"。鉴于互联网经济的迅速增长以及它与许多行业广泛的相关性,这项研究提出了"互联网生态"(internet ecology)概念。在我国,"网络生态"一词由田征宇在1998年发表的《网络生态》中首先提出。所有影响网络发展的其他社会系统构成了网络发展的生态环境,当我们用联系发展的眼光来分析网络与网络生态环境之间相互作用、相互影响时,便形成了网络生态。[①] 网络生态系统是由

---

① 张庆锋:《网络生态论》,《情报资料工作》2000年第6期。

生物成分和非生物成分两部分组成。生物成分由生产者、分解者和消费者组成，其中生产者主要从事网络产品制造；分解者主要从事废物分解，而消费者主要从事网络产品的消费。非生物成分主要由网络信息资源、网络基础设施和社会环境组成。[①]

生态链是指在一个生态群落中众多的生物和非生物成分通过能量与物质循环，通过不同层次的生产者、消费者和分解者的协同，形成环环相扣的链条式依存关系。[②] 信息生态系统是在特定环境中由人、实践、价值和技术构成的一个有机整体[③]，信息生态链是存在于特定的信息生态中的、由多种要素构成的信息共享系统[④]，是指在信息生态系统中，不同种类信息人之间信息流转的链式依存关系[⑤]，信息生态链由信息人和信息环境构成，其中，信息人包括信息的生产者、传递者、消费者等，信息环境包括信息本体、制度因子、时空因子、技术因子等。

网络信息生态链是信息生态链的一种代表性表现形式，是在网络信息环境下信息主体之间通过信息流动相互作用形成的链式依存关系[⑥]，是在一定的网络信息环境下，信息主体之间通过不断重复的博弈形成的信息流转的链式依存关系。[⑦] 一般认为，网络信息生态链具有与信息生态链相同的关联性、区域性、功能性和阶段性的基本特点以及多样性、动态性、开放性和层次性的属性。[⑧]

---

① 沈丽冰、孙涛、戴伟辉：《网络生态环境及其可持续发展分析》，《科技进步与对策》2006 年第 11 期。
② 戴伟辉、戴勇：《网络游戏生态链研究》，《软科学》2005 年第 1 期。
③ Nardi, B., O'Day, V., *Information Ecologies: Using Technology with Heart*, Cambridge: MIT Press, 1999, p.43.
④ 韩刚、覃正：《信息生态链：一个理论框架》，《情报理论与实践》2007 年第 1 期。
⑤ 娄策群、周承聪：《信息生态链：概念、本质和类型》，《图书情报工作》2007 年第 9 期。
⑥ 张旭：《网络信息生态链形成机理及管理策略研究》，博士学位论文，吉林大学，2011 年。
⑦ 李北伟、董微微、富金鑫：《基于演化博弈理论的网络信息生态链研究》，《图书情报工作》2012 年第 22 期。
⑧ 张慧玲：《网络信息生态链研究进展与展望》，《情报探索》2014 年第 7 期。

二 网络信息生态链结构

网络信息生态链结构是指网络信息生态链中信息主体的种类及数量构成。节点是构成网络信息生态链的基本单位，其实质是网络信息生态环境中各种类型的信息人。网络信息生态链节点的连接是网络信息生态链上的节点联系起来的方式。[①] 网络信息生态链基本结构反映了网络信息生态链构成的基本单元特征，反映了网络信息生态链各生态主体中最基本的关系和功能。[②]

一般来说，在网络信息生态链中，信息通过网络集中到信息服务机构，信息服务机构再通过网络传递给信息的加工者和利用者。网络信息生态链结构是指网络信息生态链中的信息生产者、传递者、加工者和利用者之间以网络和现代信息技术为纽带而形成的信息与信息流动的途径及传递关系。我们将网络信息生态链结构分为线性结构、伞形结构和环形结构。

线性结构的网络信息生态链中各类节点相互依赖关系表现为递进方式，链的结构具有显著的层次性，各节点在各自层次生态位上运行。该结构中信息的流转方向单一且唯一，每个生态位上的节点在某一个生态层次上只有一个节点。如图 2-1 所示。

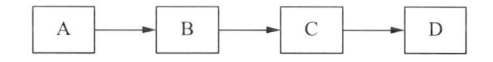

A → B → C → D

图 2-1 网络信息生态链线性结构

伞形结构的网络信息生态链中存在某一核心节点，其上游节点或下游节点依赖其生存和发展，链的结构具有明显的发散性。该结构中信息的流转方向可由非核心节点流向核心节点，如图 2-2（a）所示；也可由核心节点流向非核心节点，如图 2-2（b）所示。核心生态位上只有一个核心节点，但非核心生态位上有多个节点。

---

① 杨小溪：《网络信息生态链价值管理研究》，博士学位论文，华中师范大学，2012年。
② 段尧清、余琪、余秋文：《网络信息生态链的表现形式、结构模型及其功能》，《情报科学》2013年第5期。

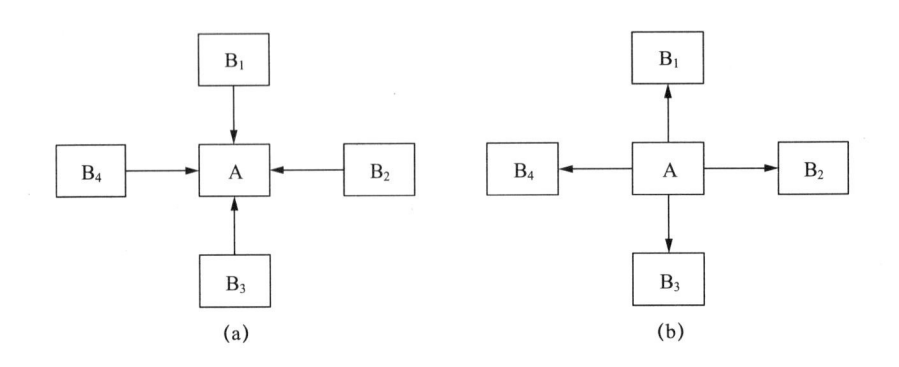

图 2-2　网络信息生态链伞形结构

环形结构的网络信息生态链可以看作线性结构的网络信息生态链的衍生形式，参与信息流转的节点之间只存在方向单一且唯一的信息流，如图 2-3（a）所示。此外，参与信息流转的节点之间存在方向单一且唯一的信息流，也存在信息流从多个节点流向某一节点或从某一节点流向多个节点，如图 2-3（b）所示。环式结构中一个节点依赖于另一个或几个节点，并最终形成一个闭合的网络信息生态链。

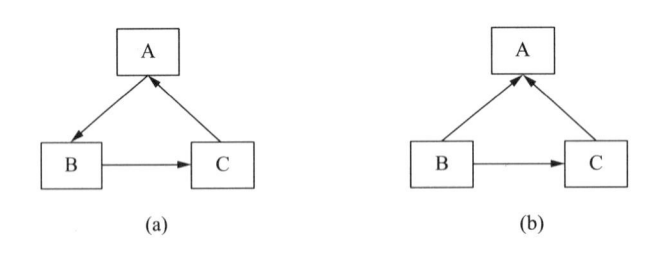

图 2-3　网络信息生态链环形结构

第三节　商务网络信息生态链平衡理论

一　商务网络信息生态链的构成要素

根据信息人在信息流转过程中扮演的角色和发挥功能的不同，可以将信息主体分为信息生产者、组织者、传递者、监管者、分解者和消费者等。[①] 商务网络信息生态链的构成要素包括参与电子商务活动的信息主体及电子商务信息环境。在商务网络信息生态链中，电子商务服务商作为链内的核心节点，不仅具有信息传递功能，同时还具有信息组织序化功能、其他信息主体的信息行为监管功能等。因此可以认为，商务网络信息生态链内的信息主体主要包括信息生产者、传递者和消费者，电子商务信息环境主要包括信息本体以及经济环境、制度环境、技术环境等。

（一）商务网络信息生态链的信息主体

如前所述，网络信息生态链内的信息流转需要依靠不同类型、不同职能的信息主体相互协作，充分发挥各自的信息功能，因而不同类型的网络信息生态链则存在着类型与数量各异的信息主体。然而，无论何种信息生态链，均存在最为基本的三类信息主体，即生产和发布信息的信息生产者、传递和转化信息的信息传递者及获取和利用信息的信息消费者。随着网络信息技术的飞速发展及智能化设备的广泛应用，网络环境下的信息交流日益活跃，信息内容日益丰富，信息主体之间关系日益密切，整体的网络结构呈现出去中心化趋势，一方面无论任何信息主体均需要具备一定的生产和发布信息、传递和转化信息、获取和利用信息的能力；另一方面信息主体需要在不同的网络环境下迅速地变更和转换自身的信息职能，发挥与之当前所处网络信息生态链相适应的信息功能。从这一角度来看，网络信息主体并不存在绝对的信息生产者、传递者及消费者。因而，本书中对商务网络信息生态链中三类主体的划分主要依据其在商务网络信息生态链中发挥的主要功能。

1. 信息生产者

信息生产者是创造和生产信息的主体，是网络信息生态链内流转信息的来源。在商务网络信息生态链中，信息生产者是指以促进网络

[①] 栾春玉、霍明奎、卢才：《信息生态链组成要素及相互关系》，《情报科学》2014年第11期。

环境下的商务活动为目的，通过电子商务网站生产并发布与商务活动相关信息的组织或个人。从广义上讲，由于不同类型的电子商务网站其功能有所不同，因此，任何登录电子商务网站并发布与商务活动相关信息的组织或个人都可以成为信息生产者，按照信息主体性质，可以分为企业、个人、政府、物流、银行等；按照发布的信息内容，可以分为供求信息生产者、商品信息生产者、交易信息生产者、信用信息生产者、物流信息生产者、制度信息生产者等。从狭义上讲，商品交易信息是商务网络信息活动的核心内容，因而电子商务信息生产者是指通过电子商务网站销售商品的商家，商家按照其具体职能可以划分为生产商、经销商、渠道商等。本书中将其统称为商家。

2. 信息传递者

信息传递者是传递、加工和转化信息的主体，是网络信息生态链内流转信息的媒介。商务网络信息生态链中的传递者主要是指为电子商务活动各方参与主体提供信息交流媒介的电子商务服务商，也可以认为是电子商务服务商搭建的电子商务平台，主要包括第三方电子商务服务商搭建的电子商务平台、企业自建电子商务网站、总公司为下属分公司搭建的电子商务平台等。在网络环境下信息交流日益活跃的今天，信息传递者的核心职能不仅限于信息内容的传递与信息形式的转化，为了保障网络信息流转的稳定进行，网络信息生态链中的信息传递者仍须肩负信息序化、质量控制、行为控制等一系列信息监管职能。在商务网络信息生态链中，商家发布的信息通过电子商务服务商的媒介进行传递，进而被信息消费者接收和利用，在这一过程中，电子商务服务商为商务网络信息生态链的信息流转提供了平台和媒介，是网络环境下商务活动的重要场所，因而，电子商务服务商可以被认为是商务网络信息生态链中的核心节点，其信息功能不仅限于将上游节点的信息流转至下游节点，同时还具有商家及产品信息的组织和序化、商务活动信息监管以及无用或失效信息分解等信息功能。

3. 信息消费者

信息消费者是信息生态链中接收和利用信息的主体。从广义上讲，商务网络信息生态链中任何获取和利用信息的主体都可以看作信息的消费者，例如，购买商品的买家通过获得平台上关于商品及商家的相关信息进行购买决策；卖家通过获取购买商品的消费者反馈信息来判断和分析商品的市场效果及其原因；电子商务平台则根据卖家与买家的商务活动信息来制定平台的运营计划与管理策略；等等。从狭义上讲，尽管商务网络信息生态链中流转着与商务活动相关的各类信息，然而，由卖家—第三方电子商务平台—买家共同构成的商务交易信息则是商务网络信息生态链内流转的主要信息，因此，狭义的信息消费者可以认为是接收和利用相关交易信息进而辅助购买决策的买家。在不同类型的商务网络信息生态链中，信息消费者的类型也有所差异。例如，某些二手交易或易物等C2C电子商务平台，买卖双方能够通过发布相关产品的供求信息进行电子商务活动，此时，买卖双方既是该条商务网络信息生态链的信息生产者，同时也是信息消费者。而对于多数具备在线交易功能的B2B或B2C电子商务平台来讲，卖家作为信息生产者提供产品的相关信息，而买家作为信息消费者来接收信息。

（二）商务网络信息生态链的信息环境

网络信息生态环境是以网络为载体的人类信息化生存环境，是现实生存环境的网络映射，它具备现实条件下人类生存的社会环境的一切特征，其存在和发展无不与现实社会息息相关，同时具备自身独特的特点。[①] 信息环境是信息生态系统保持稳定的运行状态以及健康发展的基础。[②] 信息生态环境主要由信息本体、信息技术、信息时空、信息制度等信息环境因子组成。[③] 商务网络信息生态环境因子尽管在构成要素的类型方面与一般的信息生态环境相同，但在具体内容方面

[①] 冷晓彦、马捷：《网络信息生态环境评价与优化研究》，《情报理论与实践》2011年第4期。

[②] 闫奕文、张海涛、王丹等：《信息生态视角下政务微信信息传播的关键影响因素识别研究》，《情报科学》2017年第10期。

[③] 娄策群、赵桂芹：《信息生态平衡及其在构建和谐社会中的作用》，《情报科学》2006年第11期。

仍存在一些差异。

1. 信息本体因子

信息本体因子是商务网站信息生态链上可以实现信息主体之间、信息主体与信息环境之间信息共享和相互作用的基本组成要素，是信息主体相互关联的手段，同时持续流转的信息也是商务网站信息生态链形成、存在和发展的关键因素。[①] 信息本体因子在信息生态系统中是一类较为特殊的环境因子。与其他环境因子相比较而言，其不同之处在于：其一，信息本体因子是网络信息生态系统运行的主要对象，是网络信息生态系统中信息主体交互的核心内容。其二，信息本体因子是信息生态系统当前运行的重要表现，能够反映信息生态系统运行的当前状态；它有着其他环境因子无法替代的地位与职能。其三，网络信息生态系统作为开放系统，其结构、功能及效用是在不断地与外部环境进行交互的过程中演变和进化的，任何内在或外在因素对网络信息生态系统运行状态的影响都将最终体现在信息本体因子的变化上。商务网络信息生态链内流转的信息既包括商家信息、消费者信息、商品信息、供需信息、价格信息、信用信息、物流信息等电子商务核心信息，还包括行情信息、政策信息等与电子商务活动相关的信息。

2. 信息技术因子

技术环境因子反映了当前网络信息生态系统在信息采集、信息存储、信息组织、信息分析及信息预测等方面的技术水平。不同类型、不同功能的网络信息生态链对技术环境因子类型及水平的要求也存在差异，需要结合特定网络信息生态链的功能配置相应的软硬件技术设备与环境。对于商务网络信息生态链而言，为了保证商家及消费者诸如商务信息、资金信息、信用信息等相关隐私信息不被泄露，因此，对信息安全技术的要求与其他信息生态链相比更为严格。

[①] 张向先、耿荣娜、李昆：《商务网站信息生态链的运行机制研究》，《情报理论与实践》2012年第8期。

3. 信息制度因子

制度因子是一组包括制约、管理、监督及保障网络信息生态链信息活动正常进行的各类规则的集合，既包括宏观层面国家总体制度法规与政策条例，同时也包括构成网络信息生态链的各方主体达成共识的内在规范法则。在制度因子方面，由于难以完全消除电子商务活动中信息不对称现象，因此，对于电子商务活动相关规定的制度环境因子也有其特殊性。例如，国家工商总局 2014 年 3 月发布的《网络交易管理办法》明确规定，消费者有权自收到商品之日起 7 天内无理由退货。在道德环境因子方面，消费者十分看重商家的信誉，通过已经购买商品的消费者的评价对商家服务承诺的兑现程度、商品质量的满意度等均有较为严格的评判，因此，在商务网络信息生态链中，道德环境因子的作用也尤为重要。

二 商务网络信息生态链的基本结构

（一）商务网络信息生态链在商务网络信息生态系统中的位置

商务网络信息生态系统存在多条纵横交错的信息生态链，同一信息人在不同的信息生态链中扮演着不同的角色，其中，电子商务活动中最核心的信息生态链是由电子商务企业、卖家和买家三个主体构成的。[①] 商务网络信息生态链是电子商务信息生态系统中的核心结构，在明确商务网络信息生态链基本结构之前，首先应当明确商务网络信息生态系统的一般结构。商务网络生态系统的一般结构大致如图 2-4 所示。

从图 2-4 中可以看出，商务网络信息生态系统的一般结构中主要包括用户（商家和消费者）、电子商务服务商、物流企业及银行等信息主体；信息环境主要包括文化环境、经济环境、技术环境、制度环境及道德环境等。商务网络信息生态系统的一般结构中包括三类较为基本的网络信息生态链，即用户→平台→用户、物流企业→平台→用户和银行→平台→用户。大多数的商务网络信息生态系统均包括上

---

① 张向先、张旭、郑絮：《电子商务信息生态系统的构建研究》，《图书情报工作》2010 年第 5 期。

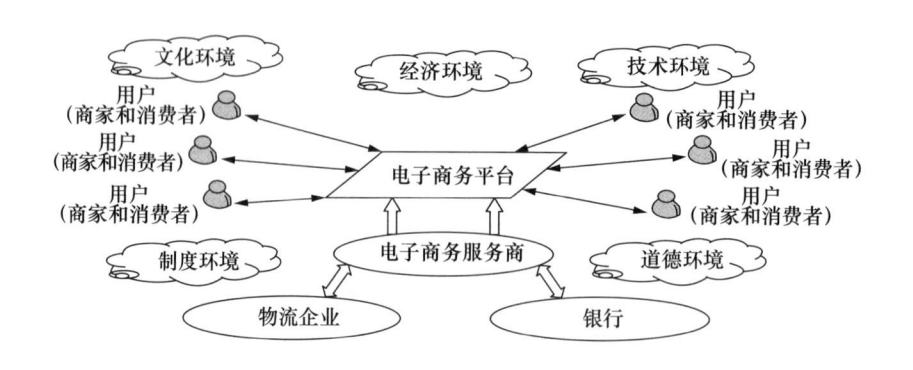

图 2-4 商务网络信息生态系统的一般结构

述三条网络信息生态链,但是,在一些功能较为特别的电子商务信息生态系统仅包含其中一条或两条商务网络信息生态链。例如,本地生活类的团购商务网络信息生态链,这种支持线上支付、线下到店体验的方式便不包含物流配送环节,因此,在这种电子商务信息生态系统中仅包含用户→平台→用户、银行→平台→用户两条商务网络信息生态链。此外,一些涉及重工业或能源交易的商务网络信息生态链,由于商品特殊、订单规模较大,无法支持线上支付,并且具备专门的物流渠道,因此,其电子商务信息生态系统中仅包含用户→平台→用户这一条商务网络信息生态链。

(二) 商务网络信息生态链中的信息流转

由用户(商家和消费者)与平台构成的商务网络信息生态链中的信息流转,如图 2-5 所示。

从图 2-5 可以看出,商家作为信息生产者向电子商务平台及消费者发送商品供应信息、商家信息。电子商务平台作为信息传递者一方面将商家发布的信息提供给消费者,另一方面会对商家和消费者的电子商务活动进行记录,生成订单信息。此外,电子商务平台通过与物流企业、银行机构开展信息共享,向商家和消费者提供物流信息、财务信息等。信息消费者接收上述信息后,向电子商务平台及商家通过发送消费者信息、评价信息等进行反馈。电子商务活动在一般情况下均由商家作为信息生产者向消费者发起,但同样存在消费者作为信息生产者通过发布消费者信息及商品求购信息向商家发起电子商务活动。

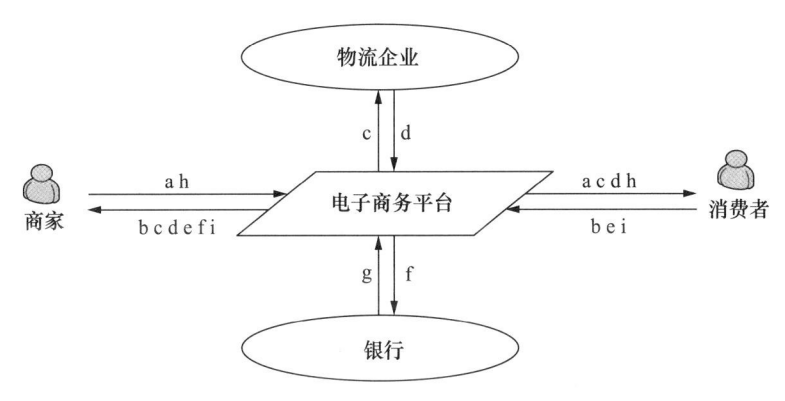

图 2-5 商务网络信息生态链的信息流转

a: 供应信息 b: 求购信息 c: 订单信息 d: 物流信息 e: 评价信息
f: 交易信息 g: 财务信息 h: 商家信息 i: 消费者信息

三 商务网络信息生态链的主要类型

(一) 按照电子商务交易模式划分

商务网络信息生态链按照电子商务交易模式可以划分为企业对企业（B2B）、企业对消费者（B2C）、消费者对消费者（C2C）、线上与线下相结合（O2O）、个人对个人借贷（P2P）等。

B2B 网络信息生态链是企业之间通过开展电子商务活动而形成的一条网络信息生态链，主要存在于制造业领域。B2B 网络信息生态链主要包含垂直 B2B 网络信息生态链和水平 B2B 网络信息生态链两种模式。垂直 B2B 网络信息生态链是各类企业基于供应链与价值链而形成的专业化分工关系，例如，从原材料生产商→产品制造商→渠道经销商便构成了一条垂直 B2B 网络信息生态链。在该链内，各类节点只专注于生产活动的某个环节，通过合理化分工协同作业，以契约形式形成紧密合作关系。水平 B2B 网络信息生态链是一种面向交易市场，通过将多个行业中近似的交易活动集中到一个网络市场环境下形成的网络信息生态链。在这种商务网络信息生态链中，企业既可以在某一次电子商务活动中作为销售方而成为信息生产者，也可能在下一次的电子商务活动中作为采购方成为信息消费者。例如，阿里巴巴信息生态链就是较为典型的水平 B2B 商务网络信息生态链，企业在链内既可以销售商品也可以对原材料进行采购。

B2C 网络信息生态链是由企业作为销售方向消费者开展电子商务而形成的网络信息生态链。由于在 B2C 网络信息生态链中消费者通常以分布分散且规模较小的个人为主要群体，因此，B2C 网络信息生态链普遍存在于商品零售领域。B2C 网络信息生态链按照链内信息传递者的功能强弱主要分为三种：第一种为第三方 B2C 网络信息生态链，这种商务网络信息生态链中第三方电子商务平台为商家和消费者提供一个类似于现实中的购物商场一类的交易场所，商家和消费者的信息行为只要不违反第三方电子商务服务商制定的相关规定，则电子商务服务商对商家和消费者之间的商务活动几乎不会做任何参与或干涉，服务商也不会对商家发布的正规信息做任何修正和调整。第二种为自营型 B2C 网络信息生态链，这种商务网络信息生态链的主要特点在于电子商务服务商首先向商品生产商进行采购，并按照自己的营销手段和消费者进行电子商务。在这种商务网络信息生态链中实际上是服务商和消费者之间的电子商务活动，并不存在商品的生产商，因此可以认为，服务商既充当了信息生产者的角色，还是信息的传递者。然而，由于商品并非由服务商自己生产，因此，商品的原始信息并不是源于服务商，服务商更多的是对信息进行了一定程度的转化工作。第三种为自产自销型 B2C 商务网络信息生态链，在这种商务网络信息生态链中由于商品是由电子商务服务商自行生产和销售，因此，电子商务服务商既充当了信息生产者的角色，同时还是信息的传递者。

C2C 网络信息生态链是个人与个人之间开展电子商务活动而形成的网络信息生态链。C2C 网络信息生态链的最大特点就是电子商务平台一定是由第三方电子商务服务商管理和运营的。如果将第三方电子商务服务商运营的 B2C 商务平台比喻成高级的购物商场，那么第三方 C2C 商务平台则更像是现实中的杂货二手交易市场。与 B2C 网络信息生态链有所不同，C2C 网络信息生态链中上下游节点均为个人，因此，电子商务服务商对电子商务活动的监管力度大幅减弱，而上下游节点的不稳定性也相对较高。

O2O 网络信息生态链是一种将线上电子商务信息活动与线下体验相结合而形成的网络信息生态链。O2O 网络信息生态链的最大特点在于信息生产者，即商家必须具有实体店铺，因此，在 O2O 网络信息生态链中交易的商品不仅仅是实物，更多的是服务体验。以旅游商务网络信息生态链为例，消费者通过登录旅行社或第三方服务商运营的旅游电子商务网站获取相关旅游信息，通过了解商家提供的服务内容与商家达成交易意向。消费者在商家所设立的实体门店与商家签订协议并支付部分款项，最后以享受服务商提供的旅游服务完成整个电子商务活动环节。由于消费者通过 O2O 网络信息生态链更多的是获取诸如餐饮、旅游、娱乐等需要到店享受的服务型商品，因此，这种商务网络信息生态链更强调地域性，主要服务于当地居民的日常生活。

P2P 网络信息生态链是一种近几年来发展迅猛的新型商务网络信息生态链。P2P 借贷，即点对点借贷（Peer to Peer Lending），是个人和个人之间通过网络达成借贷协议而形成的一种商务网络信息生态链。P2P 网络信息生态链的特点在于其商品就是资金，个人在网络环境下完成借贷所需的全部手续。中国社会科学院金融研究所 2014 年发布的报告显示，截至 2014 年 8 月 31 日，我国正在运营的 P2P 网贷平台总数约 1357 家，2014 年前 8 个月成交量大于 1250 亿元，从整体看，我国已成为全球最大的 P2P 网贷市场。

（二）按照信息接收终端类型划分

当商务活动的全部或某个环节在网络环境下进行时，则意味着电子商务已经开始出现。随着互联网的迅速普及以及信息技术的不断强化，人们开展电子商务活动时信息的发送及接收途径也在不断地发生变化。按照信息接收终端设备类型的不同，可以将商务网络信息生态链划分为 PC 商务网络信息生态链、移动商务网络信息生态链。传统商务网络信息生态链与移动商务网络信息生态链在本质上并不存在明显的区别，然而，由于移动电子商务活动更加贴近用户生活，更易符合用户习惯，同时操作也较为简便，因此，正在逐步成为电子商务发展的主流力量。目前国内各大知名电子商务企业均已研发出移动端APP软件,此外,一些电子商务企业也为用户提供电子商务网站手机版、iPad版等移动设备版本。中国电子商务研究中心监测数据显示,截至2014年12月,中国移动网购交易规模达到9285亿元,而2013年只有2731亿元,同比增长240%。多个方面的数据已经显示出移动电子商务发展势头迅猛,预计在不久的将来,移动电子商务将超越传统电子商务,成为电子商务发展的主要动力。

第四节 网络信息生态链稳定性理论

一　网络信息生态稳定性的构成要素

（一）商务网络信息生态链的抵抗力

抵抗力也叫抗变能力,表示生态系统抵抗外界干扰和维持系统的结构、功能保持原状及维持自身相对稳定的自动调节能力。[1] 网络信息生态链的抵抗力是指链内信息主体在应对外界影响时,为维护自身及共同利益不受损害,保持信息主体之间的当前关系,维持网络信息生态链整体结构所具备的能力。网络信息生态链发挥抵抗力的主要原因是由于遭受外界信息主体及环境因子的入侵。信息主体入侵包括同类信息主体入侵和异类信息主体入侵;信息环境因子入侵包括信息技术入侵、信息文化入侵、信息伦理入侵、信息制度入侵等。当网络信息生态链遭受到外部环境影响时,可能造成链内信息主体所占据的信息资源发生缺失、信息流转能力下降、信息产品增值缓慢等各类失衡现象,导致网络信息生态链整体功效降低,进而造成信息主体利益的损失。

网络信息生态链的抵抗力是一个相对的概念,由于复杂的社会网络环境造成了各种可能出现的干扰因素,而这些干扰因素又难以在一个统一的标准下合理量化,同时在信息人的主观能动性作用下,网络

---

[1] 李传印:《生态系统稳定性与生态文明建设》,《理论导刊》2010年第6期。

信息生态链应对外部影响的抵抗机制又具有灵活性和多变性，因此，网络信息生态链的抵抗力强弱并不存在绝对的量值。尽管网络信息生态链的抵抗力难以量化，但是，不同类型、不同功能的网络信息生态链的抵抗力强弱可以通过外界的干扰强度、网络信息生态链自身特点以及与先前稳态的偏离程度来进行分析。

（二）网络信息生态链的恢复力

恢复力是生态系统受到扰动后恢复到稳定状态的能力，包括维持其重要特征，如生物组成、结构、生态系统功能和过程速率的能力。[①] 网络信息生态链的恢复力是指当网络信息生态链的结构、功能等被迫发生改变后，其恢复到之前稳定状态的能力，这种能力既包括其恢复到先前稳定状态的程度，还包括其恢复的速度。网络信息生态链产生恢复力主要是由于网络信息生态链的结构及功能发生改变。结构变化包括信息主体种类及数量发生变化，功能变化包括网络信息生态链的功能减弱或功能转变。

一般来说，网络信息生态链的平衡状态一旦发生破坏，就难以完全恢复，结构及功能越简单的网络信息生态链，其恢复能力越强。网络信息生态链的平衡状态是多种因素共同作用的结果，在多种因素不同程度的作用下，其维持平衡、调节平衡、恢复平衡的方式以及平衡类型的变化都存在不同程度的差异。[②] 通常情况下，网络信息生态链能够通过自身的恢复力恢复其信息流转功能，而信息人的数量及类型、信息人之间的关系以及信息环境因子则会发生不同程度的变化。例如，在某一社交网络信息生态链，用户在看待某一事件的观点上发生了分歧，逐渐形成对立的两派并引发激烈的争吵，随着争吵的激烈程度不断加剧，越来越多的用户参与其中，污秽言语、不真实传闻、恶意刷屏等现象不断出现。该论坛管理人员为了保证该社交网络平台的正常运行，临时关闭论坛，并通过设置登录用户数量上限、声明论

[①] Holling, C. S., "Resilience and Stability of Ecological Systems", *Annual Review of Ecology and Systematics*, No. 4, 1973.

[②] 娄策群、毕达宇、张苗苗：《网络信息生态链运行机制研究：动态平衡机制》，《情报科学》2014年第1期。

坛管理制度等措施重新开放论坛，对违反规定的用户采取屏蔽、封号等措施，保证该社交平台正常运行。尽管该网络社交信息生态链恢复正常运行，然而其用户数量、管理制度等均发生了变化。

（三）抵抗力与恢复力的关系

对于多数网络信息生态链来说，抵抗力越强，其恢复力就越弱。通常情况下，结构越复杂、功能越强大的网络信息生态链在受到干扰时并不会由于个别信息主体功能减弱甚至失灵而对整条网络信息生态链产生较大影响，因此，网络信息生态链所能承受的干扰强度就越大；然而，当外界的干扰强度超过该条网络信息生态链抵抗能力的范围时，网络信息生态链的平衡状态将被迫发生改变，而这种改变的结果通常使网络信息生态链的平衡状态发生进化或倒退，而难以恢复到先前的平衡状态。相反，结果较为简单、功能较弱的网络信息生态链容易受到外界的影响而使其平衡状态发生改变，同时恢复到先前的平衡状态也较为容易。一般来说，诸如电子商务信息生态链、数字图书馆信息生态链、网络社交信息生态链等都遵循这一规律。

当然，并不是所有的网络信息生态链的抵抗能力与恢复能力都呈现相反关系，对于某些具有特殊结构并发挥特殊功能网络信息生态链来说，同时具备较强的抵抗能力与较强的恢复能力。这些网络信息生态链的共同特点在于不以利益追逐为目标或不以利益追逐为主要目标，例如，政府网络信息生态链、公安网络信息生态链等。这些网络信息生态链以发挥其特殊职能为主要目标，通过限制信息主体种类及数量、强化信息技术、规范信息制度等措施不仅提升其抵抗能力，同时具备较强的恢复能力。

二　网络信息生态链稳定性调节方式

根据网络信息生态链稳定性的类型网络信息生态链稳定性调节方式，可以分为抵抗力调节和恢复力调节。结果（输出）成为原因（输入）的一部分称为反馈。已知生态系统中普遍存在着正、负反馈。正反馈促进着某一成分的加速发展，负反馈则制约着它的进一步增加，分别构成生态系统中的互生规律和数量极限律。[①] 负反馈是生态系统自我调节能力的基础，能使最初发生的那种变化向相反的方向发展，使生态系统达到和保持相对稳定，因此，网络信息生态链的自我调节主要依靠反馈机制实现。

网络信息生态链中的信息生产者、传递者和消费者各自及彼此之间都存在负反馈调节，网络信息生态链负反馈调节的主要方式是通过信息主体种类及数量的变化，使外部资源环境对网络信息生态链的影响发生相应变化，并通过控制其信息量及价值量的输出，从而保证信息生态主体的种类及数量处于稳定。

（一）抵抗力调节方式

抵抗力调节是指处于稳定状态下的网络信息生态链通过制约信息生态链中的信息量和价值量的变化进行自我调节，维持自身原有的结构和功能。抵抗力调节主要包括信息主体限制信息量、信息主体抑制价值量和信息主体相互扼制三种方式。

信息主体限制信息量是指当网络信息生态链中存在大量的信息资源输入的情况下，信息主体为了维持原有的信息量的输出和信息主体的数量与种类，限制超出原有信息输出量的信息资源的输入，从而维持网络信息生态链的信息资源与信息主体的数量和种类不变。信息主体限制信息量可以通过单个信息主体实现，也可以通过多个信息主体相互协作共同实现。

信息主体抑制价值量是指网络信息生态链受到技术因子、制度因子等环境因子影响时，信息主体会通过调整自身的能力，如降低价值量输出的能力、创造价值的能力等方式，维持创造和转化的信息价值量固定不变。信息主体抑制价值量一般由单个信息主体独立完成，在不同情况下，抑制价值量的信息主体数量也不同。

信息主体相互扼制是指网络信息生态链的信息主体之间通过干扰、竞争甚至消除等方式遏制彼此的发展，从而达到控制网络信息生态链中信息主体数量和种类的增长和进化，维持原有的系统结构和功

[①] 马世骏：《生态规律在环境管理中的作用》，《环境科学学报》1981年第1期。

能。网络信息生态链中，一种信息主体的发展往往引起另一种信息主体的退化，因此，在网络信息生态链中，信息主体相互遏制是普遍存在的。

（二）恢复力调节方式

恢复力调节是指网络信息生态链受到扰动后，链中的某个或某几个信息主体的结构和功能会发生变化，网络信息生态链会通过消除信息主体所产生的变化来维持自身原有的结构和功能。恢复力调节主要包括调整信息主体结构和调节信息主体功能两种方式。

调整信息主体结构是指当网络信息生态链中某个或某几个信息主体的结构和功能遭到破坏后，其他信息主体通过调整其数量和种类，使信息资源变得稀缺或冗余，从而导致破坏变缓、减少甚至停止。随着网络信息生态链稳定性干扰的减弱，信息资源会恢复到原来的水平，继而信息主体的结构也会恢复。调整信息主体结构可以是单个信息主体的行为，也可以是多个信息主体相互协作共同实现。

调节信息主体功能是指当网络信息生态链中某个或某几个信息主体的结构和功能遭到破坏后，创造和转化的信息量和价值量也会随之发生变化，此时，其他信息主体会调节其生产、传递、消费信息量和价值量的能力，使网络信息生态链中流转的信息量和价值量保持不变，从而导致破坏变缓、减少甚至停止。随着网络信息生态链稳定性干扰的减弱，网络信息生态链中流转的信息量和价值量又会发生变化，继而促使信息主体功能的恢复。调节信息主体功能往往通过多个信息主体共同协作完成。

本章小结

在本章研究中，我们通过对国内外大量的相关文献进行收集和整理，并系统地归纳出相关的理论观点，对商务网络信息生态链平衡的基础理论进行了深入探讨。通过对网络信息生态链平衡的内涵及平衡的类型，商务网络信息生态链的构成要素及类型等方面进行较为系统的分析和研究，我们认为，商务网络信息生态链平衡可以看作链内信息生态因子之间相互协调，信息人通过信息流转实现信息共享，从而促进电子商务活动顺利开展的稳定状态。在确定商务网络信息生态链平衡这一概念后，归纳并总结出商务网络信息生态链平衡的四个属性，即相对性、动态性、层级性及多样性。

第三章　商务网络信息生态链平衡的概念、表现及标准

第一节　商务网络信息生态链平衡的概念及属性

一　商务网络信息生态链平衡的内涵

信息生态系统平衡意味着信息生态系统内部关系协调、系统结构合理、系统功能优化，是一种人们所追求的理想的信息生态系统状态。[①] 自然界的生态系统平衡从表面来看强调了物种的多样性与食物链的稳定性，其内在则强调能量转换的稳定性与有序性。网络信息生态链平衡可以认为是整体上通过多类信息主体和谐共存、信息活动稳定有序所反映出的构成网络信息生态链各类要素相互协调、信息流转平稳有序、信息价值持续增长的一种和谐的状态。信息生态因子之间持续的动态适应过程形成信息生态的平衡，促进了信息人因子之间的信息共享和协同进化。[②] 商务网络信息生态链动态平衡可以看作链内信息生态因子之间相互协调，信息人通过信息流转实现信息共享，从而促进电子商务活动顺利开展的稳定状态。商务网络信息生态链信息流转的主要功能是通过信息主体之间的信息交互辅助各方信息主体进

---

①　赵云合、娄策群、齐芬：《信息生态系统的平衡机制》，《图书情报工作》2009 年第 9 期。

②　王晞巍、靖继鹏、刘明彦、赵云龙：《电子商务中的信息生态模型构建实证研究》，《图书情报工作》2009 年第 11 期。

行信息交流,从而促进商务活动的顺利开展。

商务网络信息生态链平衡不仅仅强调结构合理、功能良好这种稳定状态的持续性,同时还强调当出现失衡时,商务网络信息生态链能够通过及时治理及调整后恢复平衡状态的恢复性。结构、功能、环境各异的商务网络信息生态链的这种稳定状态的持续时间、维持能力及恢复能力也有所差异。

二 商务网络信息生态链平衡的基本属性

(一) 商务网络信息生态链平衡的相对性

商务网络信息生态链的平衡是相对的,不存在绝对平衡的商务网络信息生态链。

第一,商务网络信息生态链信息流转的主要目的是使商家与消费者之间相互沟通,彼此了解,进而促成交易活动,这本身就表明了商务网络信息生态链内部节点的信息素质、占据的信息资源、信息功能等方面存在差异,这种"不平衡"恰是商务网络信息生态链形成及演进的主要动力。

第二,网络生态环境是处于动态的平衡过程中,不可能绝对地消除网络垃圾。[①] 商务网络信息生态链作为开放系统,一方面必然存在能量耗散,另一方面其本身也具有一定的容错能力。从商务网络信息生态链的整体来看,在局部失衡的情况下,整条链若能够保持平稳,并且失衡现象能够及时得到妥善处理,则仍可以认为商务网络信息生态链始终处于平衡状态。

第三,商务网络信息生态链在不断的发展过程中,可能存在从低级平衡向高级平衡进化的现象,这种低级平衡与高级平衡是相对的。通常情况下,当商务网络信息生态链的平衡状态发生变化后,节点质量提高、功能增强,并长期保持这种状态时,则可以认为,商务网络信息生态链的平衡状态由低级平衡向高级平衡发生演进。对于不同类型的商务网络信息生态链来说,由于每条链的节点、功能、环境等因

---

① 周黎明、张洋:《基于信息环境论的信息环境管理》,《图书馆论坛》2005 年第 4 期。

素不同，因此，彼此之间的平衡状态也难以根据同一个标准一一对应进行比较。

（二）商务网络信息生态链平衡的动态性

商务网络信息生态链平衡的动态性既包括链内各因素在不断运动变化中相互协调，还包括商务网络信息生态链平衡状态的平稳变动。由于节点的主观能动性以及链的负反馈作用，当上游节点受到下游节点反馈时，会对自身的信息生态位做出适当的调整，以维持当前状态的稳定，因此，链内相邻上下游节点类型、节点间的关系、节点功能都可能发生不同程度的变化。但从整体来看，每一次的变化都能够使链内的信息流转稳定进行，信息资源与信息环境得到有效利用，链的整体仍保持着平衡状态。当商务网络信息生态链的平衡状态发生演进时，其过程保持平稳变化同样可以认为电子商务信息生态处于动态平衡中。

（三）商务网络信息生态链平衡的层级性

商务网络信息生态链平衡的层级性是指在不同的商务网络信息生态链中，信息生态因子之间的协调程度存在一定的差异，其平衡状态也有所不同。商务网络信息生态链平衡状态可以分为低级平衡、中级平衡和高级平衡三个层级。低级平衡是指商务网络信息生态链内的信息流转能够基本满足电子商务活动需要，信息环境因子之间不存在较为激烈的矛盾冲突，但信息人之间的关系不够紧密，整条链的平衡状态较为脆弱。中级平衡是指链内信息人之间保持较为稳定的合作关系，链内信息流转功能良好，信息环境因子之间彼此协调的状态。高级平衡是指信息人之间联系紧密，信息共享程度高，链内流转的信息质量好，信息人与信息环境、信息环境因子之间高度契合，相互促进，共同进化，整体能够长期保持平衡。

（四）商务网络信息生态链平衡的多样性

商务网络信息生态链平衡的多样性是指不同类型商务网络信息生态链，其平衡状态下的具体表现及影响因素的作用机理存在多样性。对于一个电子商务生态系统来说，多样性问题既存在于一个组织自身，又存在一个生态系统中。① 我国宏观电子商务生态系统中包括多个电子商务生态子系统，这些功能、类型各异的子系统共同呈现出整体电子商务生态系统的多样性。电子商务生态系统的发展是紧紧围绕商务网络信息生态链来进行的，电子商务生态系统的类型及功能主要由商务网络信息生态链的类型及功能所决定，因此，电子商务生态子系统的多样性同样可以看成是商务网络信息生态链的多样性。尽管商务网络信息生态链的平衡状态从表现来看大体一致，但是，由于不同结构、不同功能、不同环境导致了商务网络信息生态链内在平衡机制同样具有多样性。

第二节　商务网络信息生态链平衡的主要表现

商务网络信息生态链平衡状态主要通过结构合理、功能良好和相对稳定三个方面进行体现，接下来，本书将在这三个方面的基础上对商务网络信息生态链平衡的具体表现进行细致阐述。

一　商务网络信息生态链结构合理

（一）链内信息主体类型丰富

商务网络信息生态链处于平衡状态时应保持链内具有各类信息主体，从而保证信息主体类型丰富。其中，具体表现为链内应具备必要功能信息人，核心节点信息生态位重叠少，链内含有少量或不存在功能多余信息人。

商务网络信息生态链中不同类型的信息人具有不同的信息功能，各类信息人能够根据各自的信息功能进行信息活动。信息生产、加工、传递、消费是商务网络信息生态链的基本信息功能，任何一条商务网络信息生态链在处于动态平衡时一定具备发挥基本信息功能的信息人，否则信息生态链就会断裂，其信息流转功能就无法实现。信息

---

① 谢荆晶：《电子商务生态系统中的多样性研究》，《科技情报开发与经济》2009年第2期。

生产者与信息传递者合一，即信息生产者兼有信息生产与传递的功能也是可行的，也可以说达到了主体功能的平衡。在电子商务发展的萌芽期，电子商务活动仍不成熟，仅有数量较少、类型较为单一的商家和消费者通过电子商务网站彼此交换供求信息，并且在网络上进行简单的商务信息交流。在这期间，商务网络信息生态链中，信息生产者和消费者通过信息传递者能够完成简单的电子商务信息流转，则可以认为商务网络信息生态链达到了初级平衡的状态。随着电子商务的迅速发展，信息生产者、传递者及消费者的类型数量在不断增加的同时逐步细化。买卖双方不再是商务网络信息生态链中唯一的信息生产者或信息消费者，政府管理部门、传媒机构等其他类型的信息主体也逐步成为商务网络信息生态链中不可忽视的信息来源，同时政府服务部门、信息咨询机构、科研机构等许多非商业组织越发关注电子商务发展，从而成为商务网络信息生态链中的信息消费者。

处于平衡状态下的商务网络信息生态链中，核心节点应当与上下游相邻节点保持功能生态位重叠少或无重叠，同时链内不存在功能多余的信息主体。电子商务平台作为核心节点，不仅具有信息流动与转化功能，同时还具备信息监管、信息发布等功能。对于一些特定的商务网络信息生态链来说，电子商务平台与商家可能都是信息生产者，并且所生产的信息可能相关甚至相同，因此，彼此的信息生态位存在重叠现象。商务网络信息生态链若要保持整体稳定的平衡状态，电子商务平台作为核心节点需要调节信息生态位，避免与上下游节点信息生态位过度重叠，弱化或消除链内利益冲突。例如，在自营性电子商务平台中，一部分商品是由电子商务平台直接从生产商那里购进，转而销售给消费者，因此，电子商务平台既作为商家开展电子商务，同时还作为其他商家开展电子商务活动的媒介。在这种商务网络信息生态链中，电子商务平台作为核心节点，其节点信息生态位与上游其他节点信息生态位的重叠现象较为普遍。这种商务网络信息生态链处于平衡状态时，电子商务平台能够合理调节自身生态位，既为商家提供开放和平等的电子商务信息环境，又注重信息功能及信息内容的差异化。

平衡状态下的商务网络信息生态链内部应保证存在少量或不存在功能多余的信息人。存在较多的功能多余信息主体，一方面会造成链内节点信息生态位相互挤压，导致节点之间竞争加剧，不利于信息流转功能的正常发挥；另一方面会增加不必要的信息流转环节，导致信息质量下降，信息流转效率降低。例如，一些运营状况不良的电子商务平台，为了继续维持平台的正常运营，在电子商务平台上，允许商家或企业大量发布广告宣传信息，这些与电子商务无关的信息使用户难以辨别真伪，同时严重干扰商家及消费者的电子商务活动，致使大量用户流失，形成恶性循环。

（二）存在一定数量的固定信息生产者和消费者

商务网络信息生态链的平衡状态会受到外部环境变化及内部下游节点的信息反馈的影响而发生波动，这种波动会导致商务网络信息生态链内信息生产者和消费者的数量发生变化。当链内存在一定数量固定的信息生产者和消费者时，链内的信息流转功能不会由于外界干扰或内部反馈而受到严重影响，从而保障商务网络信息生态链的平衡状态能够持续稳定。

商务网络信息生态链中，固定信息生产者是指与电子商务平台及信息消费者具有稳定合作关系，长期通过电子商务平台发布信息的信息主体。固定信息生产者的数量越多，链内稳定流转的信息量就越大，当商务网络信息生态链的平衡状态受到影响时，固定的信息生产者能够持续稳定地发布信息，从而保证下游信息节点正常地接收信息，使商务网络信息生态链的平衡状态不受破坏。商家作为主要电子商务信息生产者，其固定数量越多，则通过电子商务平台发布的信息量越大，当商务网络信息生态链平衡出现波动时，数量庞大的固定信息生产者能够保持稳定的生产信息，从而保证信息流转的正常进行。例如，当电子商务平台入驻的商家增多、电子商务平台的宣传逐步扩大时，消费者的数量便会逐渐增加。由于商家数量增多导致竞争激烈时，便会有商家退出该条商务网络信息生态链，而一定数量的固定商家能够保证信息的正常生产，下游信息消费者能够正常接收信息，商务网络信息生态链的功能正常运行。

商务网络信息生态链中，固定信息消费者是指长期通过某一电子商务平台稳定接收商家信息的信息主体。链内存在固定信息消费者，则能够保证链内流转的信息能够被及时有效地利用。当商务网络信息生态链出现功能弱化、环境干扰等问题时，固定数量的信息消费者越多，链内信息流转效率受到的影响就越小，整条链的平衡状态就越难以被破坏。例如，当商家或平台的名声受到负面影响时，大量消费者由于对商家及电子商务平台的信誉产生怀疑，而放弃通过该平台进行电子商务活动。若该条商务网络信息生态链中存在一定数量的固定信息消费群体，则链内流转的信息能够保证得到利用，商务网络信息生态链的功能能够正常发挥。电子商务平台及商家通过有效措施及时遏制失衡问题，使商务网络信息生态链能够在短时间内恢复平衡。

（三）各类电子商务信息主体间比例协调

　　平衡状态下的网络信息生态链上下游节点由于受到各自的信息功能、服务能力等因素的制约相互之间保持着合理的数量比例。上下游节点数量比例不协调会出现以下两种不利情况：一是上游节点少而下游节点多，则上游节点无法满足下游节点的信息需求和利益诉求；二是上游节点多而下游节点少，则信息提供与服务能力冗余，网络信息资源得不到充分的传播与利用。因此，网络信息生态链平衡时，上下游节点应保持适当的比例，以便各级节点能高效发挥自身的信息功能，在整体上达到信息生产、信息传递和信息消费的平衡。

1.商务网络信息生态链中信息生产者与信息传递者应保持比例协调

　　商务网络信息生态链中，信息生产者与信息传递者比例协调是指搭载电子商务平台的商家数量与电子商务平台数量的比例应协调。针对某一条商务网络信息生态链来说，商家数量应当在电子商务平台承受能力的范围内。由于电子商务平台的信息功能有限，当商家数量过多时，一方面电子商务平台难以保证每一位商家发布的信息都能够通过电子商务平台高效、及时地传递给信息消费者；另一方面电子商务平台也难以保证全部信息的真实性及可靠性。当商家数量过少时，链内生产的信息难以满足信息消费者的需求，从而导致信息消费者数量减少，整条链的信息功能难以持久、稳定地发挥。

2. 商务网络信息生态链中信息传递者与信息消费者应保持比例协调

商务网络信息生态链中，信息传递者与信息消费者比例协调是指电子商务平台数量应当与信息消费者数量比例协调。从我国电子商务宏观总体发展来看，电子商务平台数量在迅猛发展的同时也伴随着较高的死亡率。中国电子商务研究中心2012年监测数据显示，以我国团购类电子商务平台为例，截至2012年年底，全国团购网站累计诞生高达6177家，累计关闭3482家，死亡率已达56%，尚在运营中的有2695家。针对某一条商务网络信息生态链来说，信息消费者数量也应当处于电子商务平台承受能力的范围内。信息消费者过多，一方面可能会造成电子商务平台访问量过大导致信息流转阻塞，信息消费者难以及时获取信息；另一方面会导致信息消费者的信息反馈难以及时、有效地处理，从而造成商务网络信息生态链功能弱化。信息消费者过少则会造成链内流转信息难以被有效利用，链内大量信息资源浪费，信息流转功能空置。商家发布的信息不能够有效地传递给消费者，长此以往，将使商家退出该商务网络信息生态链，使整条链在结构、功能等方面发生退化。

二 商务网络信息生态链功能良好

（一）电子商务信息主体间的信息供求匹配

信息流转的根本目的是通过上游节点的信息服务满足下游节点的信息需求，上下游节点之间信息服务的供求能否匹配是网络信息生态链能否保持稳定平衡状态的重要标志。商务网络信息生态链上下游节点信息服务供求匹配包括服务内容供求匹配与服务方式供求匹配。

1. 服务内容供求匹配

商务网络信息生态链上下游节点之间流转的信息内容范围、形式及数量应相互吻合。信息内容范围供求匹配是指针对特定商品，上游节点生产及传递的信息内容应当与商品的核心属性紧密相关。不同商品的核心属性也有所不同，例如，食品信息应当包含产地、重量、保质期、生产商等；电器信息应当包含规格、型号、功能、使用方式、修理及维护等。信息形式供求匹配是指上游节点提供的信息形式能够使下游节点对商品有充分的认识和了解，从而满足下游节点的信息需求。以团购商务网络信息生态链中的餐饮信息为例，若商家仅以文字形式将菜品、用餐环境、地址等一一进行描述，消费者所接收的文字难以在脑中形成画面，无法吸引消费者前去用餐，则该条商务网络信息生态链难以持久稳定。信息内容的数量供求匹配是指上游节点提供的信息数量应当较为充分，使下游节点在接收信息后具有灵活的选择性。

2. 服务方式供求匹配

商务网络信息生态链信息服务的方式灵活多样，按照服务群体的数量，可以分为广泛发布服务与个性化推送服务；按照服务频率，可以分为定期服务与跟踪服务；按照服务内容，可以分为综合服务与定题服务。商务网络信息生态链中，上游节点选择的信息服务方式首先应当对所设定的服务群体具有针对性。在现在的大数据环境下，业界领先的电子商务服务企业已经广泛地通过运用云计算、关联数据、聚类分析等多种数据挖掘技术对消费者的基本信息、行为信息、网页痕迹等进行统计分析，并根据分析结果动态地将一段时期内具有相似性的消费者进行群体设定，并根据其特点进行个性化信息推送服务，使消费者能够在寻找某类商品时具有更加灵活的选择。此外，商务网络信息生态链上游节点的信息服务方式还应当与下游节点的信息获取习惯及掌握的信息技术相吻合。上游节点应当以下游节点习惯的信息获取途径及熟悉的信息获取技术来发送信息，从而保证信息能够及时地被下游节点接收，避免信息资源的浪费。

(二) 电子商务信息主体间信息流转效率较高

商务网络信息生态链平衡状态下应保持较高的信息流转效率，具体表现为流转质量高、流转成本低。

信息流转质量高表现为信息流转过程中的信息内容保真、信息转化准确和信息流失量小，它是商务网络信息生态链中信息能否保值的重要标志。

第一，信息内容保真。主要是指在信息流转过程中信息的语法、语义、语用失真较小或不失真，信息的实用性和真实性没有受损。

第二，信息转化准确。就是要求商务网络信息生态链中的信息主体对信息内容、形式的转化准确无误。信息主体应根据下游节点的需求有针对性地对流经本主体的信息内容和形式进行加工处理和适当变换，在不改变信息内容的前提下，使转化后的信息既能客观地反映信息内容，又符合下游节点的信息需求。

第三，信息流失量小。一方面，功能良好的商务网络信息生态链在信息流转过程中应保证有用信息的流失量小；另一方面，功能良好的商务网络信息生态链还能在信息流转过程中剔除一些有害信息、冗余信息和无用信息等，以减少信息污染。

商务网络信息生态链中的信息流转成本包括信息技术设备投入成本、人力资源投入成本、信息采集与搜寻成本、信息本身损耗所带来的成本、商务网络信息生态链构建的谈判成本、商务网络信息生态链运行的管理成本等。这些成本可归类为必要成本和可避免成本两类。平衡状态下的商务网络信息生态链的信息流转成本较低，主要表现在以下两个方面：

第一，必要成本较低。信息流转必要成本低是网络信息生态链成本控制的重点，在保证网络信息生态链的信息流转顺畅、运行状态稳定的情况下，合理控制必要成本，使之发挥最大的效用。

第二，可避免成本最小化。可避免成本是在网络信息生态链的信息流转过程中不必要或可以规避的资源投入。一条功能良好的网络信息生态链应能最大限度地减少甚至消除可避免成本，或尽可能将尚未消除的可避免成本转化为效益。

三　商务网络信息生态链整体相对稳定

（一）同类电子商务信息环境因子间相互协调

商务网络信息生态链同类环境因子间相互协调主要包括上下游节点间技术水平相互适应、上下游节点间信息制度相互认可且和谐共存两个方面。

商务网络信息生态链上下游节点间信息技术水平相互适应是指上游节点与下游节点的网络及计算机基础设施建设和应用水平相当。上下游节点间的信息技术水平相适应程度越高，节点间的协调程度越高，协同能力越强，商务网络信息生态链就越稳定。上下游节点间信息技术水平相互适应主要表现为以下两个方面：

第一，上游节点与下游节点的信息基础设施建设水平相适应。上下游节点的基础设施建设的先进程度相当，不存在某些节点的基础设施水平较为先进，而某些节点的基础设施水平落后的现象。同时，上下游节点的基础设施配置相协调，节点间进行信息交流时所使用的信息技术相一致或可兼容。例如，生产商生产的软件产品应满足用户可以在不同的操作系统环境下安装运行。

第二，上游节点与下游节点的信息技术应用水平相当。上下游节点都能够使用相应的硬件和软件准确处理相应的信息。

商务网络信息生态链中，信息主体都是在一定制度条件的约束下进行信息活动的，在平衡状态下，上下游节点的信息制度应相互认可且和谐共存。

第一，上下游节点认可对方的信息制度。相互认可意味着商务网络信息生态链的上下游节点彼此承认各自制度体系，并接受对方制度所约束和限制的内容及程度。例如，用户需要认可软件开发商制定的许可协议，才能够安装并使用该开发商生产的软件产品。

第二，上下游节点的信息制度和谐共存。信息制度和谐共存是指信息主体间的信息制度能够相互融洽、相互贯通。平衡状态的商务网络信息生态链的上下游节点间的信息制度不存在矛盾之处，在信息流转过程中不会出现制度上的冲突。此外，商务网络信息生态链内每一个信息主体所制定的信息制度都应当服从于整体的制度环境，不与商务网络信息生态链的总体制度产生矛盾。

（二）异类电子商务信息环境因子间相互协调

商务网络信息生态链需要保持信息、信息技术和信息制度之间的相互协调，从而保证链的结构与功能长期处于相对稳定状态。

1. 信息与信息技术相互协调

信息技术能够对不同形式、不同格式的信息进行处理、整合以及转换。同时，信息技术还应在信息量过大的情况下保证信息处理速度，避免流转不畅所造成的信息堵塞。信息技术水平既不应低于也不应高于信息处理的要求。信息技术水平过低会造成信息缺损、信息流转滞后等现象；信息技术水平过高则会造成资源浪费和功能闲置现象。

2. 信息与信息制度相互协调

链内流转的信息应满足信息制度要求，例如，任何的商务网络信息生态链都不能生产、加工和传递违法信息。同时信息制度的建立应以保障信息的高效流转为核心目标。

3. 信息技术与信息制度相互协调

商务网络信息生态链内所采用的信息技术不应超出信息制度允许的范围，如不能使用黑客技术、网络病毒技术等法律禁止的技术。同时信息制度能激发链内信息主体的技术创新能力。

（三）下游节点的依赖程度

网络信息生态链中，信息人通过信息流转而形成相互依存关系，信息生产者、传递者和消费者彼此相互依赖。对于不同类型的网络信息生态链来说，这种依赖关系也各自有所侧重。以知识网络信息生态链为例，下游的科研人员需要通过知识网络服务平台来获取专家及相关科研人员发表的学术论文，这种依赖关系主要体现出下游节点对上游节点的依赖程度大于后者对前者的依赖程度，因此，上游节点作为核心节点对整条链的结构及功能影响较大。

商务网络信息生态链是一条以消费者的信息需求为导向的服务型网络信息生态链，消费者作为核心节点，对上游节点的依赖程度既会影响上游节点间关系的亲密程度，同时还会影响整条链信息功能的稳定发挥，对整条链的稳定状态产生影响。消费者对商家的依赖程度越大，表明商家发布的信息质量越高，越能够满足消费者的信息需求。消费者根据已有的交易活动经验，更愿意选择与熟悉的商家进行电子商务活动，从而长期与商家形成稳定的合作关系。消费者对电子商务服务商的依赖程度越大，表明消费者对该电子商务服务商的信任程度越高。当消费者想要通过电子商务购买商品时，会更愿意选择可信度较高、服务较好、有良好购物经历的电子商务服务商，从而使消费者与电子商务服务商之间形成稳定关系。

消费者对商家的依赖程度可以从消费者访问商家的网站或商铺的访问频率得到体现。消费者访问该商家电子商务网站或该商家搭载第三方电子商务平台所开设的商铺的频率越高,说明消费者对该商家的依赖程度越高,说明该商务网络信息生态链的结构也就越为稳定,并且信息流转功能运行良好。消费者对电子商务服务商的依赖程度可以从消费者访问该电子商务服务商搭建的电子商务平台的频率得到体现。消费者访问该电子商务平台的频率越高,说明对该电子商务服务商的依赖程度越高,彼此关系也就越紧密,信息流转功能也越为稳定。

第三节 商务网络信息生态链平衡标准的筛选

我们从结构合理、功能良好和相对稳定三个方面对商务网络信息生态链平衡的表现进行了细致的理论分析,对商务网络信息生态链平衡状态下的具体表现进行了详细阐述,然而,由于商务网络信息生态链平衡状态的表现涉及方面较广、一些具体表现的观测难度较大等问题,为了使本书在能够得出科学合理研究结论的前提下具备一定的可操作性,我们需要对已有的平衡状态下的表现形式制定标准并进行筛选,同时选取能够较为准确地反映商务网络信息生态链平衡状态的观测指标,为后续研究提供良好基础。

一 研究方法的选取

通常情况下,我们在对所提出的因素进行筛选和分析时,可以通过探索性因子分析法、模糊综合评价法或专家调查法进行分析。

探索性因子分析法(Exploratory Factor Analysis,EFA)是一项用来找出多元观测变量的本质结构,并进行处理降维的技术。在进行探索性因子分析之前,不必知道要用几个因子,以及各因子和观测变量之间的关系。因而,探索性因子分析法能够将具有错综复杂关系的变量综合为少数几个核心因子。在进行探索性因子分析时,由于没有先验理论，只能通过因子载荷凭知觉推断数据的因子结构。上述数学模型中的公共因子数 m 在分析前并未确定，而是在分析过程中视中间结果而定，各个公共因子 ξ_i 统一地规定为均影响每个观测变量 x_i。在管理研究中，如仅仅从数据出发，很难得到科学的结果，甚至可能与已有的理论或经验相悖。因此，探索性因子分析更适合于在没有理论支持的情况下对数据的试探性分析。

模糊综合评价法是基于模糊数学的隶属度理论，将定性指标评价转化为定量评价，并通过隶属度计算得出最终的整体评价结果的方法。该方法首先构建指标集 U = {a_1, a_2, a_3, …} 与评语集 V = {b_1, b_2, b_3, …}，评语集通常包含 4—5 个等级评价，例如，4 级评语集 V = {优，良，较差，差}，5 级评语集 V = {十分重要，比较重要，重要，不重要，完全不重要}。在分别确定各因素的权重及隶属度后，构建模糊评价矩阵，并将计算结果与权重集进行相乘和归一化处理，通过设定评价结果的标准值来确定最终符合要求的结果作为最终结果。

专家调查法是通过对相关领域的专家进行访谈、调研等方式来确定各因素重要性的一种方法。它主要依靠专家自身的知识结构、具备的经验、对相关研究领域的了解来对问题做出评判或预测。专家调查法的主要步骤是：

首先，确定受调查专家群体，组成专门的专家调查小组。选定的专家人数应当适中，且所涉及的领域应分布于不同的专业领域，以便对研究活动不同的看法及见解。

其次，对专家采取两轮至三轮的调研访谈，逐步修改各项设定指标，在各项指标修正并得到专家认可后，将最终的调查结果整理成最后的研究结论。

专家调查法有以下两个方面的优点：

第一，能够通过最为简单、直接并且有效的方式获得研究结论。通过对专家进行调研和访谈，能够在第一时间获得专家意见，从而在极短时间内对指标进行修正并获得研究结果，具有极高的工作效率。

第二，对于某些专业性较强、理解较为困难的研究问题，专家调查法能够凭借专家的知识累积、所涉及学科领域的相关经验等对一些专业性较强的问题提出科学合理的意见。

通过之前对商务网络信息生态链平衡状态的表现形式及影响因素进行理论分析，我们决定采用专家调查法对各影响因素进行重要性分析。选取专家调查法的原因主要有以下三个方面：

第一，商务网络信息生态链平衡研究具有较强的专业性，对商务网络信息生态链平衡状态标准的选取判断需要一定的专业水平与知识结构。随着近年来对信息生态系统、网络信息生态链等问题的深入研究，信息生态学已经逐步成为一门具有较为完善的理论体系的学科，对一般人来讲，没有一定的理论基础与相关研究经验，难以对与信息生态链相关的问题做出科学合理的研究结论。

第二，本书尽管对商务网络信息生态链平衡的表现进行了归纳与分析，但是，由于笔者的研究水平有限，所提出的具体表现难免在整体研究上有欠成熟，需要通过对专家意见的吸取与总结，对平衡标准的选取、描述等方面进行修正。

第三，其他相关分析方法并不适用于本书。探索性因子分析需要至少100—200份样本数据，而对于商务网络信息生态链研究来说，由于调查的内容以及问题的设计具有较强的理论性和专业性，而多数对商务网络信息生态链相关领域研究的专家和学者均分布在高校及科研机构，因此，调研样本容易出现过于单一的现象。此外，模糊综合评价法也并不适用于此项研究。模糊综合评价多适用于多级指标的重要性评价，而本书是为了能够筛选平衡状态下的主要标准，并不涉及同级标准之间的相互比较，因此也不适用于本书。

鉴于以上三点原因，本书使用专家调查法对商务网络信息生态链平衡标准进行筛选，并根据评价结果进行删减。本书邀请了信息生态、电子商务、信息管理方面的专家学者以及从事电子商务工作的相关人员对商务网络信息生态链平衡标准进行筛选。

二　平衡标准的筛选过程

在选择专家调查法对平衡标准进行筛选过程中，主要过程是由调查活动的组织者提出所预设的有关内容，通过制定调查表向专家进行询问，在不断地经过专家反馈后的意见对调查内容进行修正和调整，并最终得出研究结果。专家调查法的工作流程大致可以分为五个步骤，即开放式首轮调研、组织者汇总意见、评价式第二轮调研、重审式第三轮调研和复核式第四轮调研，在每一步中，组织者与专家都有各自不同的任务。并不是所有被预测的事件都要经过五步。有的事件可能在第二步就达到统一，而不必在第三步中出现；有的事件可能在第四步结束后，专家对各事件的预测也不一定都达到统一。不统一也可以用中位数和上下四分点来作结论。事实上，总会有许多事件的预测结果是不统一的。

在实际操作过程中，由于本书已经具备了较为成熟的理论研究基础，因此，要求专家对现有的商务网络信息生态链平衡状态的表现形式及影响因素的重要性进行评价，并在第二轮调查结束后基本达成一致，因此直接进入第四轮调研。

（一）开放式首轮调研

在本书研究中，我们在翻阅和查找大量文献时发现，目前对于商务网络信息生态链平衡状态相关研究中对平衡状态的阐述较为模糊，标准也不清晰，因此，我们首先在根据信息生态平衡、电子商务活动等方面的研究，对平衡状态的标准进行了较为广泛的收集，并请相关专家对提出的标准及标准的描述给出意见。

组织者汇总整理专家调查表，我们通过整理专家调查后的问卷以及专家提出的修改意见，对商务网络信息生态链平衡状态标准的设定以及标准的具体描述进行了适当的调查，对于一些定义较为模糊或存在争议的标准，我们反复征询多位专家的意见，通过分析专家给出的观点，对所设立的标准以及标准的描述进行修改和调整。

（二）调整后的问卷调研

发放最终调查表。在根据专家的意见对调查问卷中所设立的标准以及标准的描述进行修改和调整后，我们将最终的商务网络信息生态链平衡状态标准筛选调查问卷发放给专家。

回收第四张调查表。我们将最终的调查表进行回收后，对各个标准的得分进行计算和分析，并对其中分数较低的标准进行反复分析，并在此征询专家舍弃该标准的主要原因和看法，最终得出本书中设定的商务网络信息生态链平衡状态的主要标准。

研究方法的实施步骤如图3-1所示。

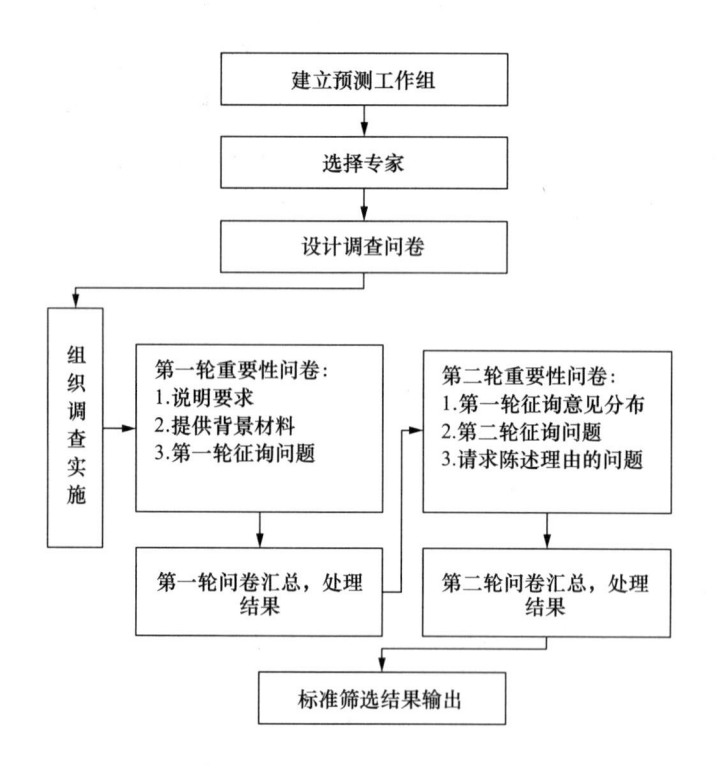

图3-1 研究方法的实施步骤

三 平衡标准的筛选结果

我们通过整理专家及研究人员的意见，制定了商务网络信息生态链平衡标准及因素调查问卷，见附录一。

在得到商务网络信息生态链平衡表现标准评价结果之后，我们将对结果进行统计分析。

具体做法是：

（一）建立评价指标因素集

依据现有的商务网络信息生态链平衡的相关理论，将商务网络信息生态链平衡标准作为筛选对象，建立因素集 $U_k = \{U_1, U_2,$

…，U_n}。

（二）确定标准重要性得分

我们对所设定的标准，按照重要性进行划分，各重要程度分为：A 表示非常重要，B 表示比较重要，C 表示无所谓，D 表示不太重要，E 表示不需要。对应的分数为 5 分、4 分、3 分、2 分、1 分。因此，评价集 V = {非常重要，重要，无所谓，不太重要，不需要} = {5，4，3，2，1}。

（三）标准重要性计算

根据有效问卷确定商务网络信息生态链平衡标准的重要性 W。在本书研究中，将 A、B、C、D、E 五个等级分别赋值为 5 分、4 分、3 分、2 分和 1 分。其具计算步骤如下：

设指标 U_n 的 A、B、C、D、E 五个等级的个数分别为 $x_{n,1}$、$x_{n,2}$、$x_{n,3}$、$x_{n,4}$、$x_{n,5}$，则指标 U_n 的得分为：

$$W_n = \frac{\lambda_n}{\sum_{i=1}^{4} \lambda_i} \tag{3-1}$$

其中，$\lambda_n = x_{n,1}A + x_{n,2}B + x_{n,3}C + x_{n,4}D + x_{n,5}E = 5x_{n,1} + 4x_{n,2} + 3x_{n,3} + 2x_{n,4} + x_{n,5}$。

将专家问卷的评价结果代入以上公式，经过演算，得出商务网络信息生态链平衡的标准得分，其中，当 $W_n \leq 3$ 分时，我们认为，该标准重要性较低，对商务网络信息生态链的平衡影响意义不大，可以删减。

（四）筛选结果

我们在阅读文献和专家座谈初步确定指标后，通过传真、电子邮件、电话等方式对专家进行调查工作。受调查专家团队共计 20 人，其中，信息管理学领域专家 3 人，电子商务研究领域专家 4 人，信息生态学专家 5 人，信息管理及电子商务相关领域博士研究生 8 人。经过对专家的意见进行统计后，我们得出了商务网络信息生态链平衡标准筛选结果，如表 3-1 所示。

表 3-1　　　　　商务网络信息生态链平衡标准筛选结果

维度	平衡标准	具体说明	筛选结果
结构合理	信息主体类型丰富	商务网络信息生态链内信息主体的类型丰富程度	
	一定数量的信息生产者	商务网络信息生态链应具有一定数量的信息生产者	
	一定数量的信息消费者	商务网络信息生态链应具有一定数量的信息消费者	
	信息主体间比例协调	商务网络信息生态链中各类信息主体间比例协调	
功能良好	信息供求匹配程度	商务网络信息生态链中信息生产者提供的信息能够满足信息消费者的需求	
	信息质量	商务网络信息生态链中流转的信息质量	
	信息传递速度	商务网络信息生态链中信息的发布、更新等方面的速度	舍弃
	信息交流工具类型及便捷性	商务网络信息生态链中信息主体间交流工具的多样性和便捷性	舍弃
相对稳定	技术因子协调程度	商务网络信息生态链中信息主体间的信息技术共同，不存在技术障碍	
	制度因子协调程度	商务网络信息生态链中信息主体间的制度相互认可，不存在制度障碍	
	下游节点的依赖程度	信息消费者对信息生产者和信息传递者的依赖程度	

由表 3-1 可知，我们通过专家调查法在最终的筛选结果中舍弃了信息流转速度和信息交流工具类型及便捷性两个预先假定的平衡标准，在经过研究人员内部讨论并与有关专家进行咨询和沟通后，我们认为，舍弃上述两假定平衡标准的原因如下：

第一，信息传递速度与商务网络信息生态链平衡状态不存在必然关联，因此，不能够作为商务网络信息生态链平衡状态的标准。信息传递速度在信息流转活动中所强调的是信息能够及时地传递给信息消费者，并不是要求信息流转的速度越快越好。信息传递速度在传统信息生态链中所产生的作用较大，这是由于传统信息生态链在信息流转过程中是通过线下沟通的方式进行，因此需要耗费一定的时间，而对于网络信息生态链，特别是商务网络信息生态链来说，信息通过网络进行发布，消费者可以在商家发布信息后迅速接收到信息，自然也不能够反映商务网络信息生态链的平衡状态。

此外，信息更新速度对于商务网络信息生态链来说也较为特殊。对于某些商务网络信息生态链来说，商家需要不停地更新产品、价格等相关信息，保证实时信息能够正常被消费者接收，进而体现出商务网络信息生态链的平衡状态。在电子商务活动中，例如，某件商品属于热销商品，则其相关信息可能在较长时间不会发生变化，这种信息更新速度"过慢"也并不代表商务网络信息生态链的平衡状态发生破坏。因此，信息流转速度的快慢并不能够作为商务网络信息生态链平衡的标准之一。

第二，信息交流工具类型及便捷性也不能够作为商务网络信息生态链平衡的标准之一。本书研究团队通过与有关专家的相互沟通，认为信息交流工具的种类并不一定需要多样化，同时，目前现有信息交流工具间的便捷程度并无明显差别。商务网络信息生态链中，商家与消费者之间的沟通所选择的信息交流工具类型十分多样，既可以通过QQ、MSN、阿里巴巴诚信通等此类即时交流工具进行信息交流，也可以通过电子邮件、站内信等延时交流工具进行交流。然而，某一条商务网络信息生态链中，电子商务服务商为消费者及商家提供的信息流转工具并非类型越多越好。以阿里巴巴为例，阿里巴巴仅仅提供诚信通一款即时交流工具，然而，买卖双方都能够通过该工具良好地进行信息交流，整条商务网络信息生态链也同样能够处于平衡稳定的状态。此外，对于目前大多数商务网络信息生态链来说，所采用的信息交流工具基本为上述几类，在使用的便捷性方面，不会存在明显差别，因此，我们将信息交流工具类型及便捷性这一假定标准舍弃。

四　平衡标准观测指标的选取

尽管我们通过专家调查法确定了商务网络信息生态链平衡状态的

主要标准，但是，所设定的标准仍存在专业性较强、标准描述较为抽象等问题，难以直接将其运用在电子商务研究中。因此，我们需要通过借鉴已有相关研究，并结合理论分析，对商务网络信息生态链平衡标准进行观测指标的选取。商务网络信息生态链平衡标准选取的观测指标如表 3 – 2 所示。

表 3 – 2　商务网络信息生态链平衡标准选取的观测指标

维度	平衡标准	观测指标	指标描述
结构合理性	信息主体类型丰富	商家类型丰富程度	通过电子商务网站进行商务活动的商家种类的丰富程度
	一定数量的信息消费者	一定数量的消费者	电子商务网站内具有一定数量规模的消费群体
	一定数量的信息生产者	一定数量的商家	电子商务网站内具有一定数量规模的商家
	信息主体间比例协调	商家与消费者比例协调	电子商务网站客服及商家客服能够及时、有效地响应消费者发出的请求
功能性	信息质量	信息内容	电子商务网站内各类信息的内容的详细程度
		信息形式	电子商务网站内所包含的信息的形式，如文字信息、图片信息、视频信息、音频信息等
	信息供求匹配程度	消费者对信息的理解程度	消费者对电子商务网站内各类信息的理解程度，包括对商品的规格型号、使用说明、维修等信息能够清楚地了解
		消费者对信息供求匹配的满意程度	消费者对电子商务网站内提供的信息量的满足程度
		消费者对信息的信任程度	消费者对电子商务网站内提供的信息的信任程度

续表

维度	平衡标准	观测指标	指标描述
稳定性	技术因子协调程度	技术因子协调程度	消费者在电子商务网站内浏览商品或店铺时不存在,例如,视频文件或图片文件无法识别等技术障碍
	制度因子协调程度	制度因子协调程度	消费者对电子商务网站指定的相关制度的认可及满意程度
	下游节点的依赖程度	消费者对商家依赖程度	消费者在通过某电子商务网站内同一商家店铺进行重复购买次数,次数越多表明消费者对商家依赖程度越大
		消费者对服务商依赖程度	消费者通过同一电子商务网站重复购买商品的次数,次数越多表明消费者对该网站依赖程度越大

(一) 结构合理性的观测指标

结构合理性的观测指标主要包括商家类型的丰富程度、是否具有一定数量的商家、是否具有一定数量的消费者、商家与消费者之间比例协调程度。

在选取链内信息主体类型丰富程度的观测指标中,我们选取以信息生产者的类型,即商家的类型丰富程度作为商务网络信息生态链内信息主体类型丰富程度的观测指标。

结构合理性观测指标主要参考了 Szymanski 和 Kim 等的研究。Szymanski 和 Hise 通过对网站提供的商品数量以及商品的种类和多样性的角度对 Product Offerings 进行研究。在本书中,由于对具体的商家的种类及数量、消费者数量等方面难以做到准确观测,因此,选择通过消费者对商品种类丰富程度,商家及消费者数量的感知来进行观测。商家与消费者之间比例协调则通过商家对消费者的咨询是否及时进行衡量。若商家能够及时回复消费者的问询,则表明商家有充足的时间和精力用来响应消费者的服务需求。金和斯托尔（Kim and Stoel）认为,商家对消费者的需求响应时间对消费者的满意程度存在显著影响,而消费者的满意程度也能够反映出商务网络信息生态链的平衡程度。

（二）功能性的观测指标

商务网络信息生态链功能发挥是否良好主要从消费者对信息质量的客观评价，以及对信息内容的理解程度、供求匹配满意程度、信任程度某方面来反映。这里则主要参考了斯蒂夫（Steve）等4个测量指标：信息的准确性、信息的易理解性、信息的完全性、信息的相关性，并对指标进行了适度修正。商务网络信息生态链功能是链内各个节点信息功能的总和，由于在网络环境下对链内各个节点的信息功能进行评价的难度较大，而信息消费者对信息质量的感知也可以看作上游各个节点信息功能发挥情况的总体反映，因此，本书选取消费者对信息质量的感知评价作为整条链功能性的观测指标。

（三）稳定性的观测指标

商务网络信息生态链的稳定性可以通过链内上下游节点间的环境因子协调程度，消费者对商家及电子商务服务商的依赖程度进行反映。麦克奈特（McKnight）认为，电子商务环境因素对消费者的信任程度存在影响，因此，本书在借鉴该研究的基础上，通过对消费者调查与服务商及商家之间是否存在制度及技术等方面障碍来观测商务网络信息生态链上下游节点间环境因子的协调程度。消费者对商家及电子商务服务商的依赖程度也能够在一定程度上反映出商务网络信息生态链的稳定性。消费者对商家及服务商的依赖程度越高，表明消费者经常通过该服务商同商家进行重复购买，而这种重复购买则能够反映出商务网络信息生态链的稳定性。

本章小结

在本章研究中，我们首先通过对国内外大量的相关文献收搜集和整理，并系统地归纳出相关的理论观点，对商务网络信息生态链平衡的基础理论问题进行了深入探讨。首先，在确定商务网络信息生态链平衡概念后，归纳并总结出商务网络信息生态链平衡的四个属性，即相对性、动态性、层级性及多样性。其次,主要分析了商务网络信息生态链平衡的表现形式,认为商务网络信息生态链平衡主要表现为链的结构较为合理、功能发挥良好、整体保持相对稳定三个方面。最后,运用专家调查法对商务网络信息生态链平衡的标准进行了筛选,通过理论分析,对筛选后的标准进行了观测指标的选取。

第四章　商务网络信息生态链平衡影响因素分析

第一节　商务网络信息生态链平衡影响因素

一　节点的信息意识和形象

商务网络信息生态链中，由于各类信息主体主要是通过网络进行信息流转活动，彼此间在现实中并未面对面地接触和交流，因此，节点的信息意识与自身形象主要成为其他节点对该节点质量好坏判断的依据。商务网络信息生态链中信息节点质量可分为广义和狭义两种概念。从广义上讲，商务网络信息生态链中信息节点质量是一切能够体现节点实力、经验、信誉等方面的所有因素的集合，是节点整体水平的综合体现。网络环境下节点质量的好坏均离不开现实环境中节点所具有的素质、能力、信誉等各类因素。节点实力可分为内在因素和外在因素。内在因素是指节点本身所具备的实力因素，包含节点的知识结构、信息素养、经济基础、社会影响力、管理能力、创新能力、盈利能力等；外在因素是指节点掌控或拥有的实力因素，包括占据的市场份额、拥有的信息资源及合作伙伴等。节点的经验是指信息人在多次信息活动实践中得到并积累起来的隐性知识或技能[1]，是通过长时间的积累形成的应对各种环境变化或紧急突发状况的能力。由于经验

---

[1] 娄策群、常微、徐黎思：《信息生态链优化的准则探析》，《情报科学》2010 年第 10 期。

是一种难以直接观测的隐性因素,因此,通常情况下,可以认为节点在信息生态链内的存活时间越久,其经验就越丰富。节点的信誉包括节点在用户群体中的口碑、名声,企业的品牌价值,所具有的相关权威机构的信用评价等。从狭义上讲,商务网络信息生态链中节点质量是节点的信息意识、社会形象、节点信誉的综合体现。在本书研究中,我们采用狭义的概念,将节点的信息素养及信誉与节点具备的能力进行区分,目的是能够将节点各方面能力进行细化,有利于更为清晰地分析和研究商务网络信息生态链的平衡机制。

二 核心节点的自组织能力

网络信息生态链的自组织能力,也可以称为网络信息生态链的恢复力,是指网络信息生态链通过自我调节的方式来维持或恢复相对稳定状态的能力。在生态学中,恢复力是指生境、群落或者物种个体在外力干扰消除后,从退化状态恢复到原有状态的能力,包括生态系统恢复到原有状态所需时间和与原有生态系统的相似程度两个方面的内容。[1] 生态系统恢复力受到干扰强度和干扰频度两方面的影响。[2] 如果干扰频度小于恢复时间,并且干扰范围小,则生态系统容易恢复,即生态系统恢复力强;如果干扰频度大于恢复时间,而且干扰范围大,则生态系统不容易恢复,即生态系统恢复力弱。从进化论的观点来说,信息服务生态系统的自组织是指一个信息服务生态系统在不断地学习过程中,其组织结构和运行模式不断地自我完善,从而不断地提高其对于环境的适应能力的过程。[3] 商务网络信息生态链的自组织主要依靠核心节点来执行,因此,链的自组织能力主要依靠核心节点的自组织能力。商务网络信息生态链核心节点的自组织能力主要包括商务拓展能力、资源整合能力和组织协调能力。

---

[1] Rowena Ball, "Control, Stability, and Bifurcations of Complex Dynamical Systems", The ANU Centre For Complex Systems, No. 6, June, 2003, pp. 1 – 23.

[2] Pimm, S. L., "The Complexity and Stability of Ecosystems", *Nature*, Vol. 307, 1984, pp. 321 – 326.

[3] 周成聪:《信息服务生态系统运行与优化机制研究》,博士学位论文,华中师范大学,2013年。

（一）核心节点的商务拓展能力

核心节点为了促进网络信息生态链不断地发展与进化需要寻求更多优质的上下游节点，以扩大整条链的结构和规模，丰富链内流转的信息来源，适当地提升上下游同级节点间的竞争强度以保证信息质量及信息流转效率，从而促进网络信息生态链的平衡状态发生进化。

在商务网络信息生态链中，核心节点的商务拓展能力是指电子商务服务商积极寻求与优质商家进行合作，不断扩充商品及信息来源，充分运用媒体及广告等手段，扩大电子商务平台影响力的能力。电子商务服务商的商务拓展能力越强，一方面，表明电子商务服务商能够积极与优质商家形成合作关系，通过引进优质商家提升上游同级节点间的竞争强度，激发商家竞争潜力，从而优化上游同级节点的组织结构，并强化上游同级节点的信息功能；另一方面，表明电子商务服务商能够通过广播、电视、互联网等多种媒体进行宣传，提升在消费者群体中的知名度，并努力扩大服务范围，吸引更多消费者，从而扩大下游节点的整体规模，进而吸引更多商家，形成商务网络信息生态链发展的良性循环。

（二）核心节点的资源整合能力

核心节点的资源整合能力是指电子商务服务商对现有商家、商品、物流等各类信息资源的整合能力，具体是指商家能够针对消费者的实际需求，将现有信息资源按照特定分类标准进行信息分类以及信息聚类，从而使用户更为便捷地找到自身所需的相关信息。电子商务服务商的信息资源整合能力越强，消费者就越能方便快捷地查询到自己所需的商品及相关信息，对整体的商务网络信息生态链来讲，能够提升信息资源的利用率，有效地降低信息资源浪费，提升链内信息流转效率。

（三）核心节点的组织协调能力

网络信息生态链核心节点的组织协调能力是指网络信息生态链核心节点灵活运用各种协调手段，适度调整上下游节点的信息生态位，合理调度节点间的信息流转活动，有效地避免同时段内信息大量流转造成的信息资源浪费及信息阻滞等问题的能力。

商务网络信息生态链中，电子商务服务商的组织协调能力是优化链内组织结构、强化链内信息流转功能的重要影响因素。当商务网络信息生态链在不断发展的过程中，由于商家数量的不断增加，导致商家的信息生态位相互挤压，信息发布功能会在不同程度上受到抑制，一方面限制了商家的信息流转途径以及信息传播范围，另一方面增加了消费者寻求符合自身需求的商家的难度。电子商务服务商的组织协调能力越强，就越能合理地分配功能、时间、空间等有限资源，合理优化上游节点组织结构，强化信息流转功能。核心节点的利益协调能力是指电子商务服务商能够协调参与电子商务活动的各方主体的利益所得，满足各方的利益诉求的能力。核心节点的利益协调能力越强，一方面，使上下游节点的利益分配方式更加合理，节点间的依存关系更紧密稳定；另一方面，避免上下游同级节点间的利益矛盾加剧，保障整条链信息功能的良好运转。核心节点的冲突协调能力是指当商家之间或商家与消费者之间产生矛盾时，电子商务服务商采取合理措施化解各方冲突的能力。对于一些经营商品类型繁多，消费者数量庞大的商务网络信息生态链，例如，就 B2C、C2C 商务网络信息生态链来说，电子商务服务商难以保证每一次商务活动都能够使参与的各方主体获得满意的效果，某些纠纷甚至会严重影响商家、电子商务服务商的形象及信誉，最终导致商务网络信息生态链的断裂。电子商务服务商具备较强的冲突协调能力，可以及时化解各方矛盾，有效地避免短期内商务网络信息生态链局部失衡带来的负面影响，使商务网络信息生态链能够在最短的时间内恢复平衡。

三　节点间的互利共生方式

"共生"概念最早由德国真菌学家德贝里在 1879 年提出。他认为，共生是指不同成员生活在一起，即共生是一个或多个成员之间通过各种形式联系在一起的行为方式。爱德华·威尔逊等认为，寄生、偏利共生、互惠共生是自然界中普遍存在的三种共生模式。[1]

---

[1] ［美］爱德华·威尔逊等：《新的综合：社会生物学》，李昆蜂编译，四川人民出版社 1985 年版。

关系具有相互性和互惠性，这将影响到网络中从一个节点到另一个节点的互惠连接有更高的出现可能性，使单向连接变成双向连接，使弱关系发展为强关系，提供网络信息生态链的稳定性。[①] 按照网络信息生态链共生主体所获利益类型结构、所获利益与其投入的匹配程度两个标准，网络信息生态链的互利共生类型可分为一元同质公平互利、一元同质偏畸互利、多元同质公平互利、多元同质偏畸互利、多元异质公平互利和多元异质偏畸互利。付媛认为，在商业生态系统中，某一物种受到另一物种侵害，自身又无力阻止时，往往需要与侵害者势力相当或更强，并与被侵害者形成互利共生关系的第三方物种出面进行协调。[②]

在商务网络信息生态链中，往往存在多种利益共存的情况，并且不同类型的利益与传统商务活动相比，其重要性的差距明显缩短。商务网络信息生态链是以商务活动为主要目的而形成的一种网络信息生态链，因此，经济利益是商务网络信息生态链中的核心利益，参与商务活动的各类信息主体都是在追求经济利益的前提下形成共生关系。然而，由于电子商务活动是商家和消费者在网络环境下进行的，一方面跨地域的便捷性为商家和消费者大幅降低，商务活动的投入成本，使参与商务活动的各方主体不再过度关注经济利益；另一方面，网络虚拟性使商家和消费者之间的陌生感与不信任超越了传统商务活动中的同类因素的影响程度，因此，商家和消费者的名声、信誉、彼此的信任度等其他类型的社会利益与传统商务活动相比有着更为重要的作用。

四 链的排异能力

网络信息生态链的排异性是指网络信息生态链为了保持自身性质和稳定而排斥外部因素进入的特性。任何一个进入某系统的外部因素都会或多或少地破坏该系统的有机联系和组织结构的稳定。

[①] 霍明奎、张向先、靖继鹏：《网络信息生态链的形成机理》，《情报科学》2014年第12期。

[②] 付媛：《平台型电子商务聚集机制研究》，博士学位论文，西北大学，2013年。

商务网络信息生态链的排异能力具有选择性与差异性的特点。选择性是指商务网络信息生态链只会极力排斥对其造成严重危害的外部因素，而对那些有益于自身发展的因素则会努力地容纳和吸收，使其能够为商务网络信息生态链的发展与稳定服务。商务网络信息生态链的发展与成熟，一方面需要不断地吸收外部环境中的有利因素，例如，优质商家和消费者、先进技术水平、科学合理的管理思想、人性化服务意识等，从而激发链内各因素潜力，促进各因素积极发展和成长，使商务网络信息生态链时刻具备较强的竞争能力及抗风险能力；另一方面则需要时刻对有可能入侵并对整条链产生负面影响的各类外部因素保持警惕，例如，假冒商家、受商家雇用为商家累积好评的职业买家、木马及病毒软件等。

差异性是指该商务网络信息生态链对不同因素的排异能力也有所差异。不同因素，其性质和影响力也有所不同，例如，商家没有兑现其在产品服务中承诺的服务内容，而导致消费者不满，此类行为的性质与影响均属于程度较轻的违规行为，对整条商务网络信息生态链不会构成严重影响。而商家销售假冒伪劣产品或存在恶意欺骗等行为将会导致消费者的严重不满与抗议，对整条链中的电子商务服务商及商家的整体满意度及信任度大幅下降，对其他商家及消费者产生严重的负面影响。

上述两种违规行为由于性质和影响的不同，因此，核心节点所体现出的排异能力也应有所差别。

商务网络信息生态链的排异能力主要包括以下三个方面：

(1) 限制素质较低的节点接入。每一条商务网络信息生态链中核心节点都会对上下游节点制定符合当前整体链运转情况的制度和标准，从而保证整条链能够处于平衡稳定的状态。大多数商务网络信息生态链，特别是具备在线支付功能的商务网络信息生态链中，服务商都会对上游的商家制定较为全面的标准，对于不符合标准的商家则禁止注册或开展商务活动。还有一些特定商务网络信息生态链对下游的信息消费者制定标准，例如，P2P商务网络信息生态链，为了能够保证借贷人的还款能力，需要用户在注册时，不仅提交身份证明，同时还需具有本科以上学历学位证明。

（2）剔除链内劣质节点。电子商务服务商不仅需要通过一定的制度标准或技术手段限制不符合要求的商家或消费者进入商务网络信息生态链内，同时还应当对商务网络信息生态链功能、环境、稳定状态造成严重破坏的商家或消费者实行严惩，必要时应终止合作关系，停止其在链内的信息活动，从而使商务网络信息生态链受到的损失降至最低。

（3）抑制链内不良因素恶化。商务网络信息生态链中经常会受到一些不良因素的影响，例如，商家的商品或服务质量下降、电子商务网站页面响应时间过长等。这些不良因素不会在短期内对商务网络信息生态链的整体造成严重影响，然而，若不及时处理必将导致链内信息主体的不满及抱怨程度加重，最终对商务网络信息生态链造成严重危害。

五 链的反馈控制能力

反馈是控制系统的一种方法，即将系统的以往操作结果再送入系统中去。广义地说，控制目的有两种，一种是保持系统处于某种状态，一旦发生偏离，就要使它复原。另一种是引导系统的状态变化，使它变为一种新的预期的状态。反馈控制要实现控制系统的这两种不同的目的，应具有两种不同的形式：负反馈与正反馈。如果反馈信息使系统保持某种状态，那么这种反馈称为负反馈；反之，如果反馈信息使系统不断变化，则这种反馈称为正反馈。[1]

自然生态系统下的反馈通常是由于种群受到外部环境影响导致数量上的增减，并对生态系统形成逐级反馈，这种反馈源自种群自身由于外部影响而被动地发生变化。与自然生态系统下的反馈机制有所不同，商务网络信息生态链是由具有主观能动性的信息人构成的，链内任意信息人都可能通过主动或被动的变化使其上下游节点与之形成反馈。商务网络信息生态链主要包括两种反馈：一种是感知评价反馈，即消费者向商家或服务商针对商品质量、交易过程、服务水平等方面的反馈，反馈的内容主要包括消费者对商家及服务商的满意度、信任度和忠诚度等；另一种是响应反馈，即服务商的功能、服务方式及内

---

[1] 李以渝：《正反馈、负反馈概念新探》，《社会科学研究》1998年第3期。

容等方面发生变化后商家及消费者对其变化的反馈。反馈内容主要包括商家和消费者的适应程度。

需要说明的是，商务网络信息生态链中的信息交流并不是一种链内的反馈。首先，两者的目的有所不同。商务网络信息生态链中的信息流转具有双向性，既包含从商家到消费者的正向流转，也包括消费者向商家的逆向信息流转，这种信息交流是以促成交易为目的的信息活动；而反馈则是对之前接收信息的一种反应，目的是能够延续或者修正先前的信息活动。其次，信息交流不一定具有特定对象，反馈则一定是针对某一特定对象。在一些商务网络信息生态链中，商家发布的信息是公开发布的供应信息或求购信息，并没有具体指定某一对象；而反馈则是针对某一指定对象的信息活动，例如，消费者对商品的满意度反馈、对商家信誉度的反馈、对服务商忠诚度反馈等。

第二节 商务网络信息生态链平衡影响因素的筛选

一 研究方法的选取

我们在生态学、信息生态学、电子商务等学科领域已有的理论观点及研究成果的基础上，对可能影响商务网络信息生态链平衡的因素进行了系统的归纳并进行了深入的理论分析，然而，对于所提出的诸多因素仍然需要按照一定的方法进行系统的梳理和筛选。在商务网络信息生态链平衡影响因素筛选方面，我们决定采用与先前平衡状态标准筛选同样的方法，即专家调查法来对所提出的影响因素进行筛选。选取专家调查法的原因主要有以下两个方面：

首先，商务网络信息生态链平衡的影响因素筛选与平衡标准的筛选相似，同样具有较强专业性。针对影响商务网络信息生态链平衡因素的筛选，受访对象必须是长期从事信息生态学、电子商务等相关领域研究的专家和学者，对电子商务活动规律及发展情况、网络信息生态链发展机制等方面具有较为深入的研究和了解。

其次，本书提出的影响商务网络信息生态链平衡的因素仍须相关领域的专家和学者给出专业、全面的建议和指导，使本书能够更加科学严谨，有助于提高所得出结论的科学性及合理性。

二　因素的筛选过程及结果

在对因素的筛选过程中，为了节省人员、时间等多方面的投入，在实际执行方面，采取与先前商务网络信息生态链平衡状态标准筛选同步的方式，即将两类问题制定成一份调查问卷，在征得专家的调查结果及修正意见后，对指出的问题和不足统一进行调整和修改。

在阅读文献和专家座谈初步确定指标后，通过传真、电子邮件、电话等方式对专家进行调查工作。最终得出了影响商务网络信息生态链平衡的因素，如表4-1所示。

表4-1　　　　　商务网络信息生态链平衡因素

一级指标	二级指标	指标说明	筛选结果
节点意识和形象	信息生产者信息意识和形象	商家信息意识和形象	
	信息传递者信息意识和形象	电子商务服务商信息意识和形象	
	信息消费者信息意识和形象	消费者信息意识和形象	舍弃
核心节点自组织能力	运营管理能力	电子商务服务商对自身企业及网站的正常运营和管理能力	
	商务拓展能力	电子商务服务商积极拉拢新的商家，拓展商品渠道的能力	
	资源整合能力	电子商务服务商对链内信息资源的有效管理能力	
	组织协调能力	电子商务服务商组织商家和消费者积极开展电子商务活动的能力	
节点间互利共生方式	利益分配主观公平	在主观上电子商务活动参与的各方主体的利益诉求均能够得到满足	
	利益分配客观公平	在客观上参与电子商务活动的各方主体投入成本与所得利益合理匹配	

续表

一级指标	二级指标	指标说明	筛选结果
节点间互利共生方式	利益分配类型	电子商务活动中所涉及的利益种类，包括经济利益、形象利益、精神利益等	
	利益分配方式	参与电子商务活动的各方主体以何种利益方式合作	舍弃
链的排异能力	限制素质较低商家接入能力	电子商务服务商限制低素质商家通过该网站开展电子商务活动的能力	
	剔除链内劣质商家	电子商务服务商终止不符合要求的商家开展电子商务活动的能力	
	抑制链内不良因素恶化能力	电子商务服务商对商家及消费者的不良信息行为的监管能力	
链的反馈控制能力	正反馈控制	电子商务服务商满足消费者更高需求的能力	
	负反馈控制	电子商务服务商合理处理消费者抱怨及投诉的能力	
	商家对服务商响应能力	商家对电子商务服务商发生变化的响应能力	
	消费者对服务商响应能力	消费者对电子商务服务商发生变化的响应能力	

我们通过内部讨论以及专家咨询的方式对所得出的结果进行了分析，认为信息消费者意识及形象因素对商务网络信息生态链平衡状态可能产生的影响较小，其主要原因有以下两个方面：

首先，商务网络信息生态链是一条服务型网络信息生态链，其最终目的是满足消费者的信息需求，因此，在电子商务活动中对消费者意识及形象的要求相对较少，更多的是对商家和电子商务服务商的意识及形象提出更高的要求。

其次，尽管在某些商务网络信息生态链中消费者信息意识和形象与生产者信息意识和形象同等重要，例如，在 B2B 商务网络信息生态链中，买家即消费者同样需要企业资质、经营许可等相关的信息认证。然而，在这类商务网络信息生态链中，消费者同样是能够作为信息生产者来发布求购信息，因此，也可以看作在该商务网络信息生态链内对信息生产者信息意识和形象提出的要求。

同时，还舍弃了节点间利益分配方式这一因素，我们认为，不同运营模式、不同行业的商务网络信息生态链均具有各自的利益分配方式，这种利益分配方式的形成是由其所经营商品的特定属性、电子商务网站运营模式、面向的消费群体等因素所决定的。不同的利益分配方式间并不存在优劣性的比较，含有不同利益分配方式的各类商务网络信息生态链均有可能达到平衡状态。相应地，即使采取同一种利益分配方式，不同的商务网络信息生态链同样可能会出现平衡和失衡的差别。

第三节　影响因素的观测指标选取

在前面的研究中，我们主要根据信息生态学、信息管理学、电子商务等相关领域的研究现状与理论基础对影响商务网络信息生态链平衡的因素进行了分析。然而，各因素具体通过哪些指标进行观测仍然是本书研究中的一个重点与难点，接下来，我们将在国内外已有研究的基础上，对各因素的观测指标进行选取与分析。

一　观测指标选取的理论依据

商务网络信息生态链平衡因素的观测指标选取应当具有科学合理的理论依据，在已有相关研究的基础上进行归纳，并与信息生态学理论相结合。本书不仅需要借鉴国内外学者对电子商务信息生态平衡已有研究成果，而且需要借鉴与电子商务活动相关的其他研究，例如，消费者对电子商务网站和商家的忠诚度研究，消费者对电子商务信息的可信度研究，以及消费者对电子商务活动满意度研究，其主要原因有以下两个方面：

(一)国内外学者对商务网络信息生态链平衡的影响因素并无较为成熟的理论基础

目前,尽管国内外学者对电子商务生态系统已有诸多相关研究①②③,但是,从研究内容来看,国外学者主要针对具体的研究对象,例如,某企业电子商务、某个第三方电子商务平台等作为研究对象,分析失衡的表现,进而得出失衡的影响因素结论;国内学者则更加倾向于从信息生态学理论的角度对电子商务生态系统、电子商务生态环境等方面进行测评,进而提出电子商务生态化的相关措施。无论国外学者或是国内学者都未能在商务网络信息生态链平衡研究方面提出较为明确的影响因素与表现形式之间的关系量表。

(二)商务网络信息生态链平衡机制与电子商务活动中的消费者感知密切相关

第一,商务网络信息生态链是一条服务型网络信息生态链,使其处于平衡状态的主要目的在于使消费者能够及时有效地吸收高质量信息,消除信息不对称,从而促成电子商务交易的达成。因此,消费者对电子商务活动的满意度,对商家和服务商发布信息的信任度,对商家和电子商务网站的忠诚度能够在较大程度上衡量商务网络信息生态链的平衡状态。

第二,通过消费者感知能够有效地发现商务网络信息生态链中的失衡原因,保证商务网络信息生态链平衡策略的有效实施。以商务网络信息生态链中的信息质量为例,当消费者对链内流转的信息的信任度降低时,能够通过对商家是否有过违规信息行为、电子商务服务商监管是否有效等方面进行调查研究,从而对商务网络信息生态链中的失衡问题及时发现并有效解决。

---

① Rajsbekhar G. Javalgi, Patricia R. Todd, Robert F. Scherer, "The Dynamics of Global Ecommerce: An Organizational Ecology Perspective", *International Marketing Review*, Vol. 22, No. 4, 2005, pp. 420 – 435.

② Erik Assadourian, "Global Economic Growth Continues at Expense of Ecological Systems", *World Watch*, Vol. 3, 2008, pp. 30 – 31.

③ 张海涛等:《商务网站信息生态系统的配置与评价》,《情报理论与实践》2012年第8期。

第三，从商务网络信息生态链整体来看，消费者感知最为公正客观。消费者在商务网络信息生态链中与商家和电子商务平台间的利益关系最为简单，对电子商务活动中的各个环节评价能够从客观公平的角度进行判断。

第四，消费者对商务网络信息生态链平衡状态的表现具有最高发言权。对于商务网络信息生态链中上游节点传递的信息质量，对商家和电子商务服务商的服务水平、技术水平、制度的合理程度等方面，消费者最有资格进行评判，而这些评判大多来自消费者的感知。

尽管在对商务网络信息生态链平衡因素的观测指标选取上需要借鉴消费者感知的理论及实践研究，但是，需要强调的是，电子商务活动消费者感知的相关研究需要部分借鉴，但不能全部采纳。主要原因在于消费者满意度、信任度及忠诚度尽管能够在很大程度上反映商务网络信息生态链的平衡状态，然而，消费者感知越好并不能完全代表商务网络信息生态链平衡状态越好。

二 观测指标的选取

在对观测指标的选取过程中，我们通过对相关研究的梳理，借鉴国内外学者已有的研究成果，一些指标采用国内外较为成熟的评价量表，还有一些指标在参考相关研究的过程中进行了部分调整。我们对商务网络信息生态链平衡影响因素的观测指标选取如表4-2所示。

表4-2　商务网络信息生态链平衡影响因素的观测指标

因素	观测指标	指标描述
信息生产者信息意识和形象	A1 商家信息意识	商家通过诸如电子邮件、QQ、短信等多种途径向消费者发布信息的主动程度
	A2 商家知名度	商家在消费者眼中的知名度
	A3 商家信誉认证	商家所具备的第三方信用机构的相关认证
信息传递者信息意识和形象	B1 服务商信息意识	电子商务服务商通过诸如电子邮件、QQ、短信等多种途径向消费者发布信息的主动程度
	B2 服务商知名度	电子商务服务商在消费者眼中的知名度
	B3 服务商信誉认证	电子商务服务商所具备的第三方信用机构的相关认证

续表

因素	观测指标		指标描述
核心节点自组织能力	C1 商务拓展能力		电子商务服务商能够不断地吸纳更多商家和消费者,丰富信息种类、扩充信息来源;积极借助媒体宣传,扩大电子商务网站影响力
	C2 资源整合能力	信息分类	电子商务服务商能够细化信息分类,针对特定用户群体的信息需求对信息资源进行规划整合,方便用户快捷地获取所需信息
		信息聚类	
	C3 组织协调能力		电子商务服务商能够积极组织商家和消费者进行特殊活动,例如,举办低价特卖、节日促销、限时抢购等优惠活动
节点间互利共生方式	D1 利益分配主观公平		商家、电子商务服务商、消费者各方的利益诉求在主观上均能够得到满足
	D2 利益分配客观公平		各方所获得的利益从主观上可能难以满足各方的利益诉求,然而,从客观上根据各方的投入来看,其所得利益与其投入成本匹配
	D3 利益分配类型		电子商务活动中所包含的利益种类,如经济利益、形象利益、精神利益等
链的排异能力	E1 限制素质较低商家接入能力		电子商务服务商对入驻的商家或会员有较为明确、严格的审核制度及详细的审批流程,保证注册会员资质的真实性、合法性
	E2 剔除链内劣质商家		根据已制定的严格详细的制度条文对严重违反规定的商家或会员实行封闭店铺、封锁会员账号等措施,禁止其商务及信息活动并终止合作关系
	E3 抑制链内不良因素恶化能力	对商家监管	电子商务服务应对商家或会员发布的相关信息进行监管,针对商家发布的虚假信息、夸张承诺等不当信息行为予以警告
		对消费者监管	电子商务服务商对消费者发布的信息能够进行严格监管,针对消费者发布的恶意评论、不文明用语、恶意刷屏等不当信息行为予以警告

续表

因素	观测指标	指标描述
链的反馈控制能力	F1 正反馈控制	当消费者的信息需求增大、数量增多、需求频繁时,电子商务服务商及商家在软件、硬件等方面具备足够能力进行调整以满足我的需要
	F2 负反馈控制	当电子商务服务商难以满足消费者的需求或当消费者向商家和电子商务服务商进行投诉时,服务商能够通过适当合理的措施降低我的不满情绪或对我予以适当补偿
	F3 商家对服务商响应能力	当该电子商务网站的运营模式、管理模式、合作模式、宣传模式等发生变化时,商家有能力及时地与其协商,并进行相应调整
	F4 消费者对服务商响应能力	消费者能够凭借自身的知识水平、情感认知等良好地适应该电子商务网站的功能、制度、信息类型及内容等发生的变化

(一) 信息生产者信息意识和形象的观测指标

信息生产者信息意识和形象主要从商家信息意识、商家知名度和商家声誉信用认证三个方面进行观测。企业的知名度、信誉度、美誉度是传统营销模式下的企业资本,在电子商务模式下,企业形象对消费者的行为同样产生了很大的影响,由于消费者无法通过感知判断产品和服务的质量,因而偏向购买传统的企业名牌产品。[①] 商务网络信息生态链中,商家的信息意识和信息素质可以从商家推送信息的主动性、商家的品牌形象和信用认证三个方面进行体现。

第一,商家的信息意识越强烈,就会更为主动地通过多种信息传播途径向消费者传递信息,例如,当商家举办促销活动时会主动地以发送短信或电子邮件的方式告知消费者。

第二,商家在消费者中的品牌形象能够反映出商家的信息素质,

---

① 刘枚莲、黎志成:《面向电子商务的消费者行为影响因素的实证研究》,《管理评论》2006 年第 7 期。

商家的信息素质越高，在消费者中的品牌形象就越好，消费者也就会更乐于经常购买该商家的商品。

第三，商家通过获得第三方权威测评机构的信用认证也能在一定程度上反映其商家的信息意识和信息素质。

（二）信息传递者信息意识和形象的观测指标

商务网络信息生态链中，信息传递者的信息意识和形象可以通过电子商务服务商的主动推送信息意识，服务商的知名度和服务商是否具有第三方权威机构的信用认证进行反映。目前，国内外学者对电子商务服务商信息意识和形象这一概念并没有一个较为统一的描述，而许多关于电子商务服务商对消费者满意度或对电子商务活动影响的研究中发现，消费者对电子商务服务商的信誉和影响力较为关注。消费者认为，服务商的信誉越高，影响力越高，则通过该服务商进行的电子商务活动满意度就越高，因此可以认为，电子商务服务商信息意识、知名度和信誉认证能够反映出电子商务服务商的质量。

（三）核心节点自组织能力的观测指标

商务网络信息生态链核心节点的商务拓展能力和资源整合能力可以通过电子商务网站是否经常出现新的商家和消费者对电子商务网站中信息资源分类的满意程度得到体现。若该电子商务网站经常出现新的商家进行信息发布或商品宣传等信息行为，则表明该电子商务服务商的商务拓展能力较强。消费者对该电子商务网站内信息资源的分类满意度越高，则表明电子商务服务商的信息资源整合能力越强。电子商务服务商的组织协调能力可以通过该电子商务平台举办商品打折、低价特卖、节日促销、限时抢购等营销活动的频率进行反映。营销活动举办的频率越高，表明该电子商务服务商能够经常组织商家开展活动，具有较强的组织协调能力。

（四）节点间互利共生方式的观测指标

节点间互利共生方式可以通过消费者从主、客观角度对电子商务活动中利益分配的评价以及消费者对电子商务活动中涉及的利益类型的评价。由于商务网络信息生态链是在网络环境下形成的，因此，对各个环节节点间的互利共生关系进行直接观测的难度较大，而通过消费者对电子商务活动中的利益分配感知作为观测整条商务网络信息生态链节点间互利共生情况则是一种较为可行的方法。消费者对利益分配的认可程度越高，一方面能够说明商家和电子商务服务商在保证商品质量的前提下使消费者得到合理的利益分配，另一方面能够表明商家和电子商务服务商之间能够较为合理地控制投入成本，保证自身利益所得。

（五）链的排异能力的观测指标

在选取核心节点排异能力的观测指标时，我们借鉴了国外较为成熟的 SERVQUAL 模型，SERVQUAL（Service Quality）是由 Parasuraman、Zeithaml 和 Berry 于 1988 年提出的，该模型主要通过分析消费者对预期与现实的服务质量差距，进而得出实际的消费者对服务质量的感知分数，其计算公式为：

$$SQ = \sum_{i=1}^{n}(P_i - E_i) \qquad (4-1)$$

式中，SQ 为消费者服务感知质量分数，P_i 为消费者对第 i 项指标的感知得分，E_i 为消费者对第 i 项指标的期望得分。SERVQUAL 模型包含有形性（Tangibles）、可靠性（Reliability）、响应性（Responsiveness）、保证性（Assurance）和移情性（Empathy）五个层级，每个层级均包含若干个问题，消费者根据自身感知回答每个问题中的期望、实际感受以及可接受的最低程度，并给出响应的分数，最终得出消费者从被评价对象那里获得的服务与期望质量的差别。在商务网络信息生态链中，核心节点的排异能力可以看作是电子商务服务商对自身承诺的执行能力，因此，本书借鉴了该模型中有形性、响应性中的具体问项，并做出了适当的调整。

（六）链的反馈控制能力的观测指标

商务网络信息生态链中，核心节点的反馈控制能力可以通过链内正反馈、负反馈以及上下游节点对核心节点的响应能力进行体现。在正反馈及负反馈的指标选取中，我们借鉴了艾伯特（Albert）的研究理论，他认为，消费者与商家和电子商务服务商之间的交流可以有效地降低欺诈的可能性，从而提升电子商务活动的效率。在消费者和商家对电子商务服务商的响应能力方面则继续参考了 SERVQUAL 模型。

本章小结

在本章研究中,我们通过理论分析列举出商务网络信息生态链平衡的主要影响因素,并通过专家调查法对影响因素的重要性进行了分析,最后通过借鉴国内外已有的相关理论基础及实现研究,选取了商务网络信息生态链平衡影响因素及表现形式的观测指标,为后续研究打下良好基础。在商务网络信息生态链平衡影响因素的理论分析研究中,我们通过借鉴信息生态学、网络信息生态链、电子商务等相关领域的理论基础及研究成果,对影响商务网络信息生态链平衡的主要影响因素进行了细致的说明。在商务网络信息生态链平衡影响因素重要性分析的过程中,我们首先对选择专家调查法作为影响因素重要性分析研究方法的原因做出解释;其次,我们通过研究小组内部分析探讨,并和相关研究人员共同协商后制定影响因素重要性调查问卷,最终确定了商务网络信息生态链平衡影响因素的各项指标。在平衡影响因素及表现形式的观测指标选取的研究过程中,我们主要借鉴了国内外关于电子商务活动及用户感知等方面的研究成果及理论,选取了能够反映各影响因素及表现形式的观测指标,为后续研究打下基础。

第五章 商务网络信息生态链平衡因素模型构建及验证

第一节 研究方法的选择

结构方程模型（Structural Equation Modeling，SEM）是一种呈现客观状态的数学模式[1]，其分析特性是其假设因果模型必须建立在一定的理论基础上，因而 SEM 是一种以检验某一理论模型或假设模型适切性与否的统计技术。[2] 作为一种验证性的多元统计技术，结构方程分析主要用于验证一个或多个自变量与一个或多个因变量之间的相互关系，其主要功能是对一些解释可观测变量与潜在变量关系的研究模型做出评价，不但能研究可观测变量，还可研究不能直接观测的潜在变量，既可研究变量间的直接作用，又可研究变量间的间接作用。[3]

本章研究选择 SEM 分析，主要有以下三个方面的原因：

第一，目前对于网络信息生态链及商务网络信息生态链的平衡机制主要是从链的构成因素及信息生态环境的失衡表现进行理论分析，

---

[1] Mulaik, S. A., James, L. R., "Objectivity and Reasoning in Science and Structural Equation Modeling", Structural Equation Modeling: Concepts, Issues, and Applications, 1995, pp. 118 – 137.

[2] 邱浩政：《结构方程模式——LISREL 的理论、技术与应用》，双叶书廊 2005 年版。

[3] 殷著：《动态供应链协作信任关键影响因素研究》，博士学位论文，西北工业大学，2006 年。

探讨失衡的原因并提出相应的治理措施。①②③ 而对网络信息生态链形成平衡、维持平衡和恢复平衡的主要因素以及对平衡状态的影响缺乏理论支持以及实际数据的验证。

第二，商务网络信息生态链的平衡状态的具体表现及其影响因素不能被直接测量，需要对这些观测变量设定具体问题进行估算。

第三，在对观测变量的测算过程中，所涉及的具体指标及设定的问题会不可避免地存在一定的误差，而结构方程允许自变量与因变量之间含有测量误差。因此，本书选择结构方程分析方法对商务网络信息生态链平衡影响因素构建理论模型，并通过调研数据对理论模型的假设进行验证。

第二节 商务网络信息生态链平衡影响因素模型构建

商务网络信息生态链平衡的主要表现为链的结构合理，信息功能运转良好，整体保持相对稳定。因此可以认为，商务网络信息生态链结构的合理性、功能性以及相对稳定性是对商务网络信息生态链平衡状态的反映。通过前文对商务网络信息生态链的影响因素进行分析，可归纳为信息生产者质量、信息传递者质量、核心节点自组织能力、节点间互利共生方式、链的排异能力和链的反馈控制能力六个因素。根据商务网络信息生态链平衡表现及影响因素间的关系，可构建商务网络信息生态链平衡概念模型，具体模型如图 5-1 所示。

---

① 张军：《网络信息生态失衡的层次特征透析》，《图书馆学研究》2008 年第 7 期。
② 吕桂芬：《网络信息生态失衡与对策研究》，《情报探索》2007 年第 11 期。
③ 彭前卫：《网络信息生态环境的危机与保护》，《图书馆学研究》2002 年第 5 期。

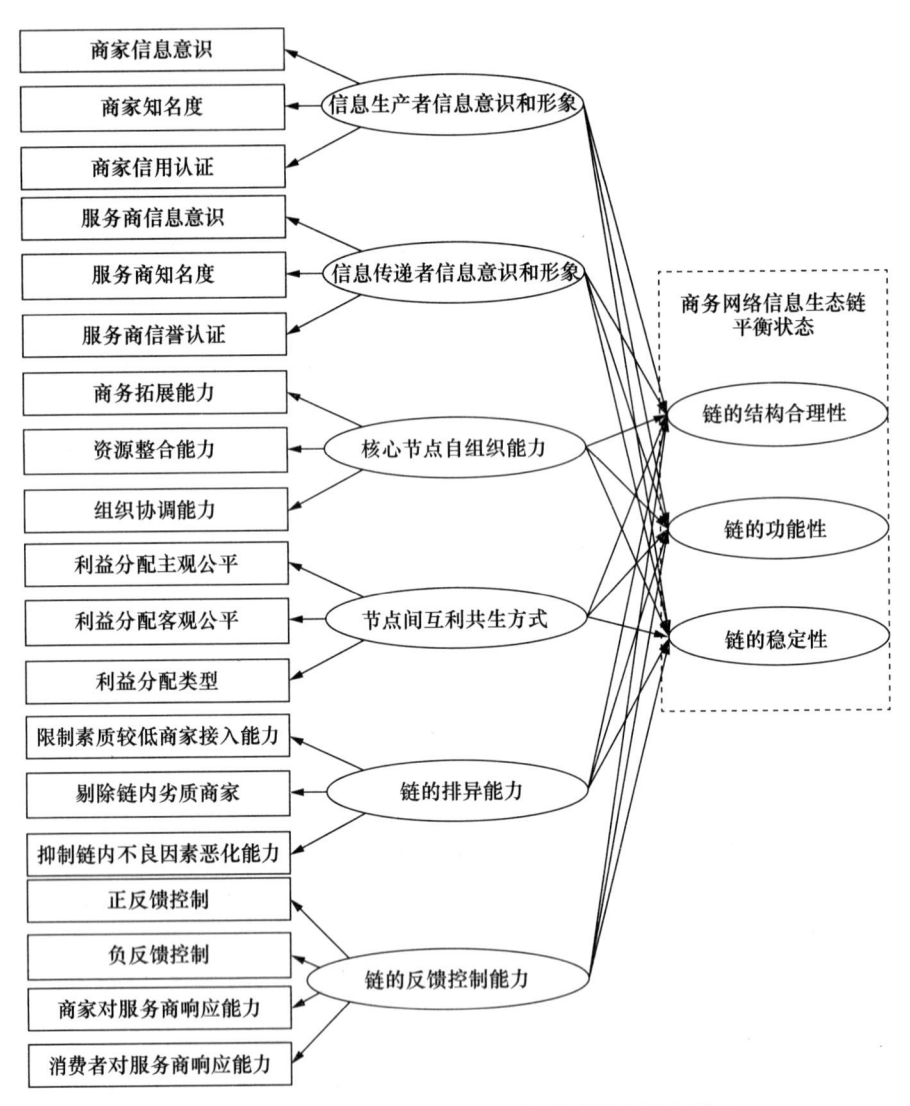

图 5-1 商务网络信息生态链平衡影响因素概念模型

第三节 研究假设

一 信息生产者信息意识和形象对平衡状态的影响

柯布等（Cobb et al., 1995）认为，消费者在通过电子商务活动挑选商品时,更倾向于选择消费者听说过或较为了解的具有较高知名度的商家。[1] 迪肖(Dishaw,1999)认为,良好的企业形象和企业信誉能够提升消费者对商家和电子商务服务商的满意程度。多尼(Doney,1997)等认为,企业规模可以看成是判定其满足消费者需求的能力。企业规模越大,表示满足消费者需求的能力越强,同时规模较大的企业,其投入也相对较多,这也表明若企业出现失信行为所遭受的损失也将会更多。[2] 对于大多数消费者而言,企业的实际规模往往难以直接观测,更多的是根据企业的知名度、口碑和品牌影响力等进行推断。在本书研究中,我们将信息生产者质量定义为企业形象、知名度、信用认证等方面的综合概况,因此,可以根据以上相关研究的观点和结论,提出如下假设:

H5-1:信息生产者信息意识和形象正向影响平衡状态。

H5-1-1:信息生产者信息意识和形象正向影响链的结构合理性。

H5-1-2:信息生产者信息意识和形象正向影响链的功能性。

H5-1-3:信息生产者信息意识和形象正向影响链的稳定性。

二 信息传递者信息意识和形象对平衡状态的影响

沃林斯顿(Warrington,2000)等认为,网络环境的虚拟性使电子商务活动对于消费者而言存在诸多不确定性风险,若电子商务网站具有良好的声誉,则能够使消费者对电子商务活动的信息度有所提升,对整体电子商务活动帮助较大。[3] 格雷布纳(Grabner)则认为,消费者对交易对象的信任和对交易媒体的信任会影响消费者的电子商务行为。商家信用问题已成为制约电子商务活动发展的主要问题之一,因此,能够获得第三方权威机构的信用认证,不仅可以树立良好

---

[1] Cobb, W., Cathy, J., Rubble, C. A. and Donthu, N., "Brand Equity, Brand Preference and Purchase Intent", *Journal of Advertising*, Vol. 35, No. 3, 1995, pp. 25 – 39.

[2] Doney, P. M., Cannon, J. P., "An Examination of the Nature of Trust in Buyer – Seller Relationships", *Journal of Marketing*, Vol. 4, 1997, pp. 35 – 51.

[3] Warrington, T. B., Abgrab, N. J., Caldwell, H. M., "Building Trust to Develop Competitive Advantage in E – business Relationships", *Competitive Review*, Vol. 2, No. 10, 2000, pp. 160 – 169.

的企业形象,还能够为更多的潜在消费者消除一定的顾虑,大大提升电子商务交易的成功率。周涛、鲁耀斌(2008)以淘宝网为研究对象,提出了 C2C 第三方信任机制模型,并认为,委托支付服务、C2C 中介、反馈系统对消费者的信任度存在显著影响。[1] 在本书研究中,我们将信息传递者质量定义为电子商务服务商的信息意识、知名度及第三方信用认证的总和,通过已有研究能够发现,电子商务服务商质量与消费者满意度之间存在显著影响,因此,我们在本书研究中提出如下假设:

H5-2:信息传递者信息意识和形象正向影响平衡状态。

H5-2-1:信息传递者信息意识和形象正向影响链的结构合理性。

H5-2-2:信息传递者信息意识和形象正向影响链的功能性。

H5-2-3:信息传递者信息意识和形象正向影响链的稳定性。

三 核心节点自组织能力对平衡状态的影响

谢守美(2010)认为,在知识生态体系中,存在冗余调节机制,不仅能够保证知识生态系统的结构与功能正常,实现系统稳定;还可以形成竞争压力,激发知识个体的创新动力,进而实现系统的稳定。[2] 格申森(Gershenson,2007)认为,平台型电子商务生态系统依靠自组织机制来维持系统的自我协调,通过自组织机制使内部各因素能够不断适应外部环境的变化,同时还能够保持自身的竞争能力,使系统内各因素能够相互促进,从而达到系统结构及功能不断优化的目的。[3] 张爽(2005)认为,基于供应链的自组织服务能够使电子商务生态系统内的各类主体相互学习先进技术及管理手段,优化生产力因素组合,合理调整产品及产业结构,减少中间

---

[1] 周涛、鲁耀斌:《C2C 交易中第三方信任机制作用的实证分析》,《工业工程与管理》2008 年第 3 期。

[2] 谢守美:《企业知识生态系统的稳态机制研究》,《图书情报工作》2010 年第 8 期。

[3] Gershenson, C., Design and Control of Self-Organizing Systems, Ph. D. Dissertation, Vrije University, 2007.

环节并降低生产成本。① 在本书研究中，将核心节点自组织能力定义为商务拓展能力、资源整合能力以及组织协调能力的总和，因此，根据已有学者的研究成果及理论观点，提出如下假设：

H5-3：核心节点自组织能力正向影响平衡状态。

H5-3-1：核心节点自组织能力正向影响链的结构合理性。

H5-3-2：核心节点自组织能力正向影响链的功能性。

H5-3-3：核心节点自组织能力正向影响链的稳定性。

四 节点间互利共生方式对平衡状态的影响

针对消费者的利益或价值感知研究，目前主要分为两类研究：一类研究是将消费者对自身的投入和回报作为利益感知的两个维度，并在此基础上制定消费者利益感知测量量表，例如，詹姆斯（James，2002）将消费者的利益感知分为行为成本、金钱成本、情感利益、质量和声誉五个维度。② 另一类研究则直接将消费者对投入成本和利益回报作为因变量来进行研究。Zeithaml（1988）认为，消费者感知的公平感是消费者在购买产品后感知的利益和成本相对于其他同档次品牌而言是否得到了公平待遇的一种相对感觉。③ 在本书研究中，选择了后一类研究作为商务网络信息生态链节点间互利共生的研究视角，在借鉴已有相关研究的理论基础上，提出如下假设：

H5-4：节点间互利共生方式正向影响平衡状态。

H5-4-1：节点间互利共生方式正向影响链的结构合理性。

H5-4-2：节点间互利共生方式正向影响链的功能性。

H5-4-3：节点间互利共生方式正向影响链的稳定性。

---

① 张爽：《企业供应链之间的竞合关系分析》，《沿海企业与科技》2005年第2期。

② James F. Petrick, "Development of Multi-Dimensional Scale for Measuring the Perceived Value of a Service", *Journal of Leisure Research*, Vol. 34, No. 2, 2002, pp. 119-134.

③ Zeithaml, V., "Customer Perception of Price, Quality and Value: Ameans-end Model and Synthesis of Evidence", *Journal of Marketing*, Vol. 52, July, 1988, pp. 2-22.

五 链的排异能力对平衡状态的影响

塔克斯、布朗（Tax，Brown，[①] 1998）等通过采取实物补偿等方式对消费者进行服务补救能够提升消费者分配公平的认可程度。布姆斯（Booms，1990）还认为，及时有效的补救处理措施能够使消费者感受到处理矛盾的公正性。张京卫（2007）[②] 认为，通过第三方商务认证中心对电子商务交易的各方主体进行资格评定和认证能够保障符合要求的电子商务交易主体在安全、诚信的网络环境中进行商务活动。翟春娟（2010）[③] 通过对电子商务活动中守信和失信的博弈行为研究，认为有力的惩罚力度能够有效地防止电子商务信用风险的发生。根据上述研究结果及理论观点，可以认为，及时有效的监管措施及危机应急能力能够有效地保障消费者对商务网络信息生态链的信任度和满意度，同时还能够保证商务网络信息生态链的声誉不受损失，维持链内信息功能的正常运转，因此，对链的排异能力对平衡状态影响提出如下假设：

H5-5：链的排异能力正向影响平衡状态。

H5-5-1：链的排异能力正向影响链的结构合理性。

H5-5-2：链的排异能力正向影响链的功能性。

H5-5-3：链的排异能力正向影响链的稳定性。

六 链的反馈控制能力对平衡状态的影响

格里夫（Greif，1993）[④] 认为，电子商务活动中的反馈机制能够有效地避免欺诈卖家的出现，抑制"柠檬市场"现象出现，使消费者能够充分了解商家的历史交易信息。Ba 和 Pavlou（2002）[⑤] 通过对

[①] Tax, S. S., Brown, S. W. and Chandrashekaran, M., "Customer Evaluations of Service Complaint Experience: Implications for Relationship Marketing", *Journal of Marketing*, Vol. 26, No. 4, April, 1998, pp. 60–70.

[②] 张京卫：《电子商务信用保障措施》，《中国储运》2007 年第 3 期。

[③] 翟春娟：《电子商务信用风险形成机理》，《技术经济与管理研究》2010 年第 5 期。

[④] Greif, "Contract Enforce Ability and Economic Institutions in Early Trade: The Maghreb Traders Coalition", *American Economic Review*, Vol. 83, 1993, pp. 525–548.

[⑤] Ba, S., Pavlou, P. A., "Evidence of the Effect of Trust Building Technology in Electronic Markets: Price Premiums and Buyer Behavior" *MIS Quarterly*, Vol. 26, No. 3, 2002, pp. 243–268.

eBay 中的反馈机制进行研究，认为反馈机制对消费者的信任程度存在显著影响。在本书研究中，我们根据上述已有的研究基础，对商务网络信息生态链的反馈控制能力进行了适度扩展，认为商务网络信息生态链的平衡状态并非仅仅依靠上游节点对消费者的反馈，同时还应当包含消费者对商家或电子商务服务商等上游节点发生变化时的反馈。因此，在这种情况下，提出如下假设：

H5-6：链的反馈控制能力正向影响平衡状态。

H5-6-1：链的反馈控制能力正向影响链的结构合理性。

H5-6-2：链的反馈控制能力正向影响链的功能性。

H5-6-3：链的反馈控制能力正向影响链的稳定性。

七　研究假设汇总

通过之前对商务网络信息生态链平衡的表现形式与影响因素的理论分析，对商务网络信息生态链平衡影响因素对平衡状态的影响假设论总如表 5-1 所示。

表 5-1　　商务网络信息生态链影响因素模型的假设

假设	研究假设
H5-1	信息生产者信息意识和形象正向影响平衡状态
H5-1-1	信息生产者信息意识和形象正向影响链的结构合理性
H5-1-2	信息生产者信息意识和形象正向影响链的功能性
H5-1-3	信息生产者信息意识和形象正向影响链的稳定性
H5-2	信息传递者信息意识和形象正向影响平衡状态
H5-2-1	信息传递者信息意识和形象正向影响链的结构合理性
H5-2-2	信息传递者信息意识和形象正向影响链的功能性
H5-2-3	信息传递者信息意识和形象正向影响链的稳定性
H5-3	核心节点自组织能力正向影响平衡状态
H5-3-1	核心节点自组织能力正向影响链的结构合理性
H5-3-2	核心节点自组织能力正向影响链的功能性
H5-3-3	核心节点自组织能力正向影响链的稳定性
H5-4	节点间互利共生方式正向影响平衡状态
H5-4-1	节点间互利共生方式正向影响链的结构合理性

续表

假设	研究假设
H5-4-2	节点间互利共生方式正向影响链的功能性
H5-4-3	节点间互利共生方式正向影响链的稳定性
H5-5	链的排异能力正向影响平衡状态
H5-5-1	链的排异能力正向影响链的结构合理性
H5-5-2	链的排异能力正向影响链的功能性
H5-5-3	链的排异能力正向影响链的稳定性
H5-6	链的反馈控制能力正向影响平衡状态
H5-6-1	链的反馈控制能力正向影响链的结构合理性
H5-6-2	链的反馈控制能力正向影响链的功能性
H5-6-3	链的反馈控制能力正向影响链的稳定性

在对研究假设的设定过程中可以发现，我们将商务网络信息生态链平衡的各影响因素对平衡状态下结构合理性、功能性和稳定性均设定为正向影响。这是由于在前一步的理论研究中，我们对上述影响因素对平衡状态的影响进行了较为深入的理论分析，认为上述影响因素总体上对链的结构合理性、功能性和稳定性均产生正向影响。然而，各项影响因素具体对结构合理性、功能性和稳定性等方面的影响并没有做进一步的研究和分析，这里仅对各影响因素对链的结构合理性、功能性和稳定性均做出正向影响的理论假设。

第四节 调研方法

一 调研对象的选取

商务网络信息生态链的平衡状态是由各信息主体、信息环境因子等多个因素相互作用、彼此协调的结果，因此，在分析某一条商务网络信息生态链的平衡状态时，应当由链内商家、电子商务服务商以及消费者共同对该条链的结构合理性、功能性和稳定性等方面做出综合评价，从而得到最为客观的结果。但是，根据调研方法的可操作性以及研究的理论依据，最终选择以电子商务消费者的信息反馈作为调查数据，其主要原因有以下四个方面：

(一) 多方评价易导致观点矛盾

在对商务网络信息生态链平衡状态影响因素进行调研分析时，必将涉及对信息生产者和信息传递者的节点质量以及信息功能等做出评价，商家与电子商务服务商作为被评价对象，其观点与消费者之间容易出现难以统一甚至矛盾对立现象，不利于研究数据的统一。

(二) 商务网络信息生态链作为服务型网络信息生态链，与商家和电子商务服务商相比，其评价观点最为重要

从商务网络信息生态链平衡的表现来看，信息功能的运转情况最终取决于消费者对信息的获取和吸收程度，因此，消费者对上游节点发送的信息的理解程度、需求满足程度、信息程度和对信息质量的客观评价能够最大限度地反映商务网络信息生态链信息功能的稳定情况，从而最大限度地反映对平衡状态的影响。

(三) 从各方利益出发点来看，消费者观点最为客观公正

消费者在电子商务活动中仅仅通过支付金钱来换取商品，与商家和电子商务服务商并不存在复杂的利益关系，既不会因为对商家或服务商评价过高而获得回报，也不会因评价过低而造成任何损失，因此，消费者反馈的观点较为公正可信。

(四) 难以将同一条商务网络信息生态链内的商家与服务商和消费者一一对应

商务网络信息生态链平衡状态的客观评价需要将处于同一条商务网络信息生态链内的各信息主体一一对应并集中评价，而运用结构方程的分析方法，其研究数据至少应达到200份，这对本书研究将造成难以克服的巨大困难。

鉴于以上四点原因，本书研究决定从消费者视角对商务网络信息生态链平衡状态及影响因素进行调查分析。

二　数据采集

在数据采集之前，我们邀请电子商务、信息生态学、信息管理

学等领域的专家和同学对各影响因子及平衡状态具体表现的问项进行了充分讨论，并预先在小范围内进行了初步调研。通过被调研对象填写问卷后的感受，再对问题的描述及措辞进行修改和调整。最后，对修改并整理后的调查问卷进行发放。

本书研究的调查问卷通过网络与实地相结合的方式进行发放。首先，我们将设计好的调查问卷通过电脑、手机等方式进行发布，被调查用户可以通过登录网站或访问问卷微信账号等途径进行问卷填写，这种方式能够避免实地调查导致的地域数据过于集中，使被调查群体的性别、年龄、职业等各方面分布较为平均。其次，通过发放纸质问卷对预先拟定的受调查群体进行问卷发放。本次问卷发放在数量上并无预先设定，根据结构方程分析方法的需要，问卷数量需达到200份，但是，考虑到无效样本以及多因子分析的情况，初步计划发放300—400份问卷。

第五节 观测变量描述与问卷设计

本书研究建立的理论模型包含9个观测变量，这些观测变量由6个平衡影响因子（信息生产者质量、信息传递者质量、核心节点自组织能力、节点间互利共生方式、链的排异能力、链的反馈控制能力）与3个平衡状态因子（链的结构合理性、链的功能性、链的稳定性）构成。

一 观测变量的描述

根据之前的理论分析，所设定的各观测变量的描述如下：

（一）信息生产者信息意识和形象

A1 商家信息意识：商家信息意识是指商家向消费者发送信息的主动性。

A2 商家知名度：商家知名度是指商家的品牌和社会影响力。

A3 商家信誉认证：商家信誉认证是指商家是否具有第三方权威机构的信用认证。

(二)信息传递者信息意识和形象

B1 服务商信息意识：电子商务服务商向消费者发送信息的主动性。

B2 服务商知名度：电子商务服务商的品牌和社会影响力。

B3 服务商信誉认证：电子商务服务商是否具有第三方权威机构的信用认证。

(三)核心节点自组织能力

C1 商务拓展能力：电子商务服务商能够不断地吸纳更多商家和消费者、丰富信息种类、扩充信息来源的能力。

C2 资源整合能力：电子商务服务商对信息进行细化分类，针对特定用户群体的信息需求对信息资源进行规划整合的能力。

C3 组织协调能力：电子商务服务商对商家进行组织，经常举行展销会、打折促销、限时抢购等多种营销活动的能力。

(四)节点间互利共生方式

D1 利益分配主观公平：消费者在主观上对各方利益分配公平程度的评价。

D2 利益分配客观公平：消费者在客观上对各方利益分配公平程度的评价。

D3 利益分配类型：在电子商务活动中各方获得的利益类型，包括经济利益、社会利益等多种利益。

(五)链的排异能力

E1 限制素质较低商家接入能力：电子商务服务商对入驻的商家或会员有较为明确、严格的审核制度及详细的审批流程，保证注册会员资质的真实性、合法性。

E2 剔除链内劣质商家：电子商务服务商能够根据相关制度条文对严重违反规定的商家实行封闭店铺、封锁账号等措施禁止其商务活动并终止合作关系。

E3 限制链内不良因素恶化能力：电子商务服务商对商家发布的信息能够进行严格监管，针对商家发布的虚假信息、夸张承诺等行为予以警告，对消费者的不良信息行为予以制止。

（六）链的反馈控制能力

F1 正反馈控制：当消费者的信息需求增大、数量增多、需求频繁时，电子商务服务商及商家在软件、硬件等方面具备足够能力进行调整以满足消费者的需要。

F2 负反馈控制：当电子商务服务商难以满足消费者的需求或当消费者向商家和电子商务服务商进行投诉时，服务商能够通过适当合理的措施来降低消费者的不满情绪或对消费者予以适当补偿。

F3 商家对服务商响应能力：该电子商务网站的运营模式、管理模式、合作模式、宣传模式等发生变化时，商家有能力及时与其协商，并进行相应调整。

F4 消费者对服务商响应能力：消费者能够凭借自身的知识水平、情感认知等良好地适应该电子商务网站的功能、制度、信息类型及内容等发生的变化。

（七）商务网络信息生态链的结构合理性

商务网络信息生态链结构合理性主要包括链内信息生产者类型丰富程度、一定数量的信息生产者和消费者、信息生产者和消费者比例是否协调进行反映。信息生产者类型的丰富程度可以通过信息生产者种类的丰富程度以及发布信息类型的丰富程度进行反映；存在一定数量的信息生产者和消费者可通过消费者进行购物时观测的是否经常看到购买商品的消费者评价进行反映；信息生产者和消费者比例协调可通过当消费者向信息生产者客服求助时，信息生产者客服的恢复速度以及发货速度进行反映。

（八）商务网络信息生态链的功能性

商务网络信息生态链的功能性主要通过信息质量、消费者对信息内容的理解程度、消费者对信息供求匹配的满意程度、消费者对信息的信任程度等进行反映。信息质量是指信息内容的详细程度以及信息形式的多样性；消费者对信息内容的理解程度能够反映消费者是否能够较好地理解信息的内容，从而准确地接收信息；消费者对信息供求的匹配程度是消费者对商家提供信息与自身信息需求相匹配的满意程度；消费者对信息的信任程度是消费者对商家发送信息的可信度的评价。

二 问卷设计

经过多方考虑，我们采用 Likert 五级量表，且所有的问题都采用正向问法。在参考已有研究的基础上，我们制定了商务网络信息生态链平衡机理调查问卷，具体问项及描述如表 5-2 所示。

表 5-2　商务网络信息生态链平衡影响因素调查问卷设计

变量		问题的描述	来源
A 信息生产者信息意识和形象	A1 商家信息意识	向我销售过商品的商家经常会通过短信、QQ、电子邮件等多种方式向我发送商品信息、价格信息、打折促销信息等	张向先等（2013）①、迪肖（1999）②、格雷布纳（2003）③
	A2 商家知名度	我更愿意选择从一些知名度较高的品牌商家那里购买商品	
	A3 商家信誉认证	我更愿意选择有第三方机构认证的信誉度高的商家购买商品	
B 信息传递者信息意识和形象	B1 服务商信息意识	该电子商务网站总会通过短信、电子邮件、QQ、广告等多种方式向我发送商品信息、价格信息、打折促销信息等	桑迪菲尔德（2001）④
	B2 服务商知名度	我总是选择知名度高的电子商务网站进行购物	
	B3 服务商信誉认证	我经常选择有第三方机构认证的信誉度高的电子商务网站购买商品	

---

① 张向先、史卉、江俞蓉：《网络信息生态链效能的分析与评价》，《图书情报工作》2013 年第 8 期。

② Dishaw, M. T. D. M., Strong, "Extending the Technology Acceptance Model with Task-Technology Fit Constructs", *Information and Management*, Vol. 36, No. 1, 1999, pp. 9-20.

③ Grabner, Krauter S., Kaluscha, E, A., "Empirical Research in On-Line Trust: A Review and Critical Assessment", *International Journal of Human-Computer Studies*, Vol. 58, 2003, pp. 783-812.

④ Standifird, S., "Reputation and E-Commerce: eBay Auctions and the Asymmetrical Impact of Positive and Negative Ratings", *Journal of Management*, Vol. 27, No. 3, 2001, pp. 279-295.

续表

变量			问题的描述	来源
C 核心节点自组织能力	C1 商务拓展能力		我经常能够在该电子商务网站上看到很多新的商家	李北伟等（2013）①、斯图尔特（2000）②、王伟军（2003）③
	C2 资源整合能力	信息分类	我认为该电子商务网站将商品的类别划分十分细致，能够针对特定群体对商品进行分类	
		信息聚类	该电子商务网站能够根据我的关注热点及消费习惯为我提供相关商品及商家信息以便我进行选择和比较	
	C3 组织协调能力		该电子商务服务商经常能够组织各类商家举行低价特卖、节日促销、限时抢购等优惠活动	
D 节点间互利共生方式	D1 利益分配主观公平		我从该电子商务网站购买的商品基本都能够达到我预期的期望	Zeithaml（2002）④
	D2 利益分配客观公平		我从该电子商务网站购买的商品虽然并没有达到我预期的期望，但我认为符合商品的价格水平	
	D3 利益分配类型		我认为商家及网站不仅获得了经济利益，还获得了一定的名声、形象等社会利益	

---

① 李北伟、徐越、单既民等：《网络信息生态链评价研究以淘宝网与腾讯拍拍为例》，《情报理论与实践》2013 年第 9 期。

② Stuart Barnes, Richard Vidgen, "Web Qual: An Exploration of Web-Site Quality", Proceedings of the Eighth European Conference on Information Systems, Vienna, July 3-5, 2000.

③ 王伟军：《电子商务网站评价研究与应用分析》，《情报科学》2003 年第 6 期。

④ Zeithaml, V. A., Parasuraman, A., Malhorta, A., "Service Quality Delivery through Web Sites: A Critical Review of Extant Knowledge", *Journal of the Academy of Marketing Science*, Vol. 30, No. 4, 2002, pp. 362-375.

续表

变量			问题的描述	来源
E 链的排异能力	E1 限制素质较低商家接入能力		我认为该电子商务服务商对入驻的商家或会员有较为明确、严格的审核制度及详细的审批流程，保证注册会员资质的真实性、合法性	SERVQUAL[1]
	E2 剔除链内劣质商家		我认为该电子商务服务商能够根据相关制度条文对严重违反规定的商家实行封闭店铺、封锁账号等措施禁止其商务活动并终止合作关系	
	E3 抑制链内不良因素恶化能力	对商家监管	我认为该电子商务服务商对商家发布的信息能够进行严格监管，针对商家发布的虚假信息、夸张承诺等行为予以警告	
		对消费者监管	我认为该电子商务服务商对消费者发布的信息能够进行严格监管，针对消费者发布的恶意评论、不文明用语、恶意刷屏等不当信息行为予以警告	
F 链的反馈控制能力	F1 正反馈控制		当我的信息需求增大、数量增多、需求频繁时，电子商务服务商及商家在软件、硬件等方面具备足够能力进行调整以满足我的需要	艾伯特（Albert，2002）[2]
	F2 负反馈控制		当电子商务服务商难以满足我的需求或当我向商家和电子商务服务商进行投诉时，服务商能够通过适当合理的措施降低我的不满情绪或对我予以适当补偿	
	F3 商家对服务商响应能力		我认为，当该电子商务网站的运营模式、管理模式、合作模式、宣传模式等发生变化时，商家有能力及时地与其协商，并进行相应调整	SERVQUAL
	F4 消费者对服务商响应能力		我能够凭借自身的知识水平、情感认知等良好地适应该电子商务网站的功能、制度、信息类型及内容等发生的变化	

---

[1] Parasuraman, A., Leonard L. Berry, Valarie A. Zeithaml, "SERVQUAL: A Multiple-Item Scale for Measuring Consumer Perceptions of Service Quality", *Journal of Retailing*, Vol. 64, 1998, pp. 12–40.

[2] Albert, M., "E-Buyer Beware: Why Online Auction Fraud Should be Regulated", *American Business Law Journal*, Vol. 39, No. 4, 2002, pp. 575–643.

续表

变量		问题的描述	来源
G 链的结构合理性	G1 商家类型丰富程度	我认为该电子商务网站内的商家及商品种类十分丰富，让我可以随意地进行选择	Szymanski (2000)①
	G2 一定数量的信息消费者	我经常能看到很多消费者对商品或商家的评价	
	G3 一定数量的信息生产者	有非常多的商家通过该电子商务网站进行销售的时间超过两年	
	G4 信息生产者和消费者比例协调	当我向商家发送订单时，商家总能迅速地发货。咨询商家或网站客服时，客服总能迅速地回复我	金和斯托尔 (2003)②
H 链的功能性	H1 信息质量	信息内容：该电子商务网站内各类信息内容十分详细	斯蒂夫 (2004)③
		信息形式：该电子商务网站提供多种形式的信息，例如文字信息、图片信息、视频信息、音频信息等	
	H2 消费者对信息的理解程度	我能够完全理解商家及网站发布的任何信息，例如商品的规格型号、使用说明、维修及保养等，网站发布的促销活动等	
	H3 消费者对信息供求匹配的满意程度	我认为商家及网站发布的信息足以满足我的信息需求，不需要其他信息了	
	H4 消费者对信息的信任程度	我十分信任商家及网站发布的任何信息	

---

① Szymanski, David M., Hise, Richard T., "E‐Satisfaction: An Initial Examination", *Journal of Retailing*, Vol. 76, No. 3, 2000, pp. 309–322.

② Kim Soyoung, Stoel Leslie, "Apparel Retailers: Website Quality Dimensions and Satisfaction", *Journal of Retailing and Consumer Services*, Vol. 11, 2003, pp. 109–117.

③ Steve Muyllea, Rudy Moenaert, Marc Despontin, "The Conceptualization and Empirical Validation of Web Site User Satisfaction", *Information and Management*, Vol. 41, 2004, pp. 543–560.

第五章 商务网络信息生态链平衡因素模型构建及验证 | 113

续表

变量		问题的描述	来源
I 链的稳定性	I1 技术因子协调程度	我访问该电子商务网站时不存在任何技术障碍（如图片、视频等文件无法识别）	麦克奈特(2002)[1] T. Ahn(2007)[2]
	I2 制度因子协调程度	我完全认可电子商务网站制定的相关制度规定，并能够很好地遵守	
	I3 消费者对商家依赖程度	我经常会去之前的购物经历比较满意的商家那里去购买同类或相似的商品	
	I4 消费者对服务商依赖程度	每当我想要通过网络购买商品，我都会选择该电子商务网站	

在对问卷的设计研究过程中，我们发现一些变量存在一个问题难以准确描述的情况，例如，核心节点的信息资源整合能力，其中包括对信息资源的有效分类以及针对用户需求的信息聚类，若将这两方面的问题整合为一个问项，容易干扰受调查人员的判断，影响数据的准确程度，因此，我们决定通过两个问题分别进行调查，并取两项调查结果的平均值作为核心节点信息资源整合能力的最终得分。此外，由于商务网络信息生态链平衡的各影响因素之间存在着一定程度的内在关联，为了避免设定的问项存在过度重复现象，我们对一些变量的描述进行了部分调整。例如，由于商务网络信息生态链的结构合理性中包含了对信息生产者类型的调查，因此，在功能性变量中，对信息质量的调查就不会提出关于信息类型的问题。

---

[1] McKinght, D. H., Choudhury, V., Kacmar, C., "The Impact of Initial Consumer Trust on Intentions to Transact with a Web Site: A Trust Building Model", *Journal of Strategic Information Systems*, Vol. 11, 2002, pp. 297–323.

[2] Ahn, T., Ryu, S., Han, I., "The Impact of Web Quality and Playfulness on User Acceptance of Online Retailing", *Information and Management*, Vol. 44, No. 3, 2007, pp. 263–275.

第六节 数据质量分析

一 样本的统计特征

本次研究通过网络与实地相结合的方式发放问卷,拟发放问卷400份,实际收回383份,我们将回收到的383份问卷进行了筛查,其中,有21份问卷存在答题遗漏、答案选项过于单一等不符合要求的问题,我们将这21份问卷剔除后,得到362份有效问卷,有效率达到94.5%。从此次受调查群体的性别比例来看,其中,男性148份,占40.88%;女性214份,占59.12%,如表5-3所示。

表5-3　　　　　　　　被调查人群的性别比例

性别	数量	比例(%)
男性	148	40.88
女性	214	59.12
合计	362	100

由于本次调查问卷的发放是通过网络与实地相结合的方式,在网络上发放问卷,预先对人群的受教育情况并无具体设定。在实地发放问卷时,主要通过对同学、朋友、亲属等渠道进行调查,因此,本科及研究生学历群体所占比例较多。被调查者的受教育程度具体比例如表5-4所示。

表5-4　　　　　　　　被调查人群的受教育情况

受教育程度	数量	比例(%)
高中及以下	24	6.63
大专学历	59	16.30
本科学历	171	47.24
研究生学历	108	29.83
合计	362	100

被调查者的职业背景分布如表5-5所示。

表5-5　　　　　　　　　被调查人群的职业分布

职业	数量	比例（%）
学生	43	11.88
教师及科研人员	37	10.22
电子商务从业人员	18	4.97
政府公务人员	72	19.89
企业职员	128	35.36
其他	64	17.68
合计	362	100

从表5-5可以看出，被调查者中，企业职员人数最多，为128人，占总数的35.36%。政府公务人员及其他职业人员人数分别为72人和64人，各占总数的19.89%和17.68%。教师及科研人员人数为37人，占10.22%；学生43人，占总数的11.88%。

受调查人员半年内进行电子商务活动的次数如表5-6所示。

表5-6　　　　　　　受调查者半年内电子商务活动次数

电子商务次数	数量	比例（%）
5次及以下	79	21.82
6—10次	52	14.37
11—20次	90	24.86
20次以上	141	38.95
合计	362	100

我们在问卷中对电子商务活动进行了较为详细的描述与说明，这里所说的电子商务活动是指以企业或个人为单位，通过第三方电子商务平台与商家进行商务活动，既包括企业电子商务活动涉及的业务洽谈、商品交易，也包含以个人为单位的网购、团购等各类电子商务活

动。从表 5-6 可以看出，半年内进行 5 次及以下电子商务活动的人数为 79 人，占总数的 21.82%；6—10 次为 52 人，占总数的 14.36%；11—20 次为 90 人，占总数的 24.86%；20 次以上的人数最多，为 141 人，占总数的 38.95%。由此可以看出，该研究的受调查者在半年内进行电子商务活动较为频繁，对问卷中的相关问项应较为熟悉，对问题理解程度较好，因此，所得数据具有一定的可信度。

二　调研数据的信度分析

信度结果能够反映出调查数据的一致性程度。目前，大多数学者都通过计算克隆巴赫 α 系数来反映样本数据的内部一致性（internal consistency），克隆巴赫 α 系数越大，表明样本数据的内部一致性越高，样本数据的信度就越高。1998 年，海尔等（Hair）提出，当克隆巴赫 α 系数值大于 0.7 时，表明数据的信度较好。[1] 如果计量尺度中的项目数小于 6 个时，克隆巴赫 α 系数大于 0.60，数据也可接受；低于 0.35 为低信度，0.5 为最低可接受的信度水平。[2]

本书研究的样本数据通过运用 SPSS 21 软件对样本数据进行了信度计算，各项因素的计算结果如表 5-7 所示。

表 5-7　　　　　各项影响因素的克隆巴赫 α 系数

影响因素	因素数量	克隆巴赫 α 系数
信息生产者质量	3	0.720
信息传递者质量	3	0.725
核心节点自组织能力	3	0.838
节点间互利共生方式	3	0.864
链的排异能力	3	0.904
链的反馈控制能力	4	0.882

---

[1] Hair, J. F., Black, W. C., Babin, B. J. et al., "Multivariate Data Analysis", Technometrics, Vol. 49, No. 1, 2005, pp. 103-104.

[2] Guilford, J. P., Fundamental Statistics in Psychology and Education, McGraw-Hill Press, 1950, p. 644.

从表 5-7 中可以看出，信息生产者质量的克隆巴赫 α 系数为 0.720，信息传递者质量的克隆巴赫 α 系数为 0.725，核心节点自组织能力的克隆巴赫 α 系数为 0.838，节点间互利共生方式的克隆巴赫 α 系数为 0.864，链的排异能力的克隆巴赫 α 系数为 0.904，链的反馈控制能力的克隆巴赫系数为 0.882，可见，各项影响因素的克隆巴赫 α 系数均大于 0.7，可以说明本书研究中的各项影响因素较为可信。

我们再对商务网络信息生态链平衡状态表现三个方面的样本数据进行计算，所得各项指标的克隆巴赫 α 系数如表 5-8 所示。

表 5-8　　　　　　平衡状态表现的克隆巴赫 α 系数

平衡状态表现	包含因素	克隆巴赫 α 系数
链的结构合理性	3	0.884
链的功能性	3	0.871
链的稳定性	3	0.872

从表 5-8 可以看出，样本数据中商务网络信息生态链的结构合理性的克隆巴赫 α 系数为 0.884，链的功能性的克隆巴赫 α 系数为 0.871，链的稳定性的克隆巴赫 α 系数为 0.872，均大于 0.7，这说明平衡状态表现的样本数据也较为可信。

三　调研样本的效度分析

效度检验主要包含内容效度检验和结构效度检验。

内容效度检验是用来衡量设计的问题内容能够反映出测量指标的有效程度。内容效度越高，表明测量问题内容越能够准确地反映所设定的测量指标。内容效度的检验方法主要通过专家调查法进行，组织专家根据理论依据与现实基础对测量问题内容的效度进行检验及修正。由于本书研究中对商务网络信息生态链平衡影响因素的设计与选取是通过专家调查法，根据专家给出的意见进行适当的调整和修正，因此，样本数据的效度能够满足后续研究的需要。

结构效度检验一般通过因子分析的方法，具体分为探索性因子分析（Exploratory Factor Analysis，EFA）和验证性因子分析（Confirmatory Factory Analysis，CFA)。

探索性因子分析主要是为了找出影响观测变量的因子个数，以及各个因子和各个观测变量之间的相关程度，以试图揭示一套相对较大的变量的内在结构。[①] 探索性因子分析主要适用于预先难以判断各测量指标之间的影响关系，因而通过因子载荷系数来判断观测变量之间的相关程度，从而对预先选定的观测变量根据与目标变量的相关程度进行筛选。例如，在客户满意度研究中，研究人员从理论角度预先设定一些可能对客户满意度产生影响的因子，这些因子从表面来看难以确定是否对客户满意度产生影响，进而通过设计调查问卷对客户或相关专家进行指标重要性调查；之后通过探索性因子分析，根据所得出各项因子的载荷系数来判断实际对客户满意度造成影响的有哪些因子。

验证性因子分析是在有较为明确的理论指导基础上，检测构建模型与实际数据的拟合能力，从而通过研究观测变量的因子载荷来判断所构建模型是否与预期一致。验证性因子分析是通过计算各因子载荷值，得出组合信度值（CR）与平均变异抽取量（AVE），从而判断研究量表的收敛效度。

在进行效度检验之前，首先需要进行 KMO 值和巴特莱特球形度检验，通常认为，KMO 大于 0.7 表示变量之间联系较为紧密，适合因子分析。巴特莱特球形度检验是用于检验原有变量的相关系数矩阵是否是单位矩阵，如果 P 值小于显著性水平 α，则认为各个变量的相关系数矩阵不太可能是单位矩阵，原有变量适合做因子分析。本书研究样本数据的 KMO 值及巴特莱特球形度检验结果如表 5-9 所示。

表 5-9　　样本数据的 KMO 值和巴特莱特球形度检验结果

取样足够度的 KMO 度量		0.930
巴特莱特球形度检验	近似卡方值	4125.287
	自由度	171
	P 值	0.000

[①] 周晓宏、郭文静：《探索性因子分析与验证性因子分析异同比较》，《科技和产业》2008 年第 9 期。

从表5-9可以看出，KMO值为0.930，远远大于给定的0.7，说明样本数据非常适合做因子分析。巴特莱特球形度检验近似卡方值为4125.287，自由度为171，检验结果显著。接下来，我们对样本数据进行验证性因子分析，验证性因子分析的结果如表5-10和表5-11所示。

表5-10　　　　　　　　变量的非标准化载荷系数与T值

潜变量	观测变量	非标准化载荷系数	T值
A 信息生产者信息意识和形象	A1 商家信息意识	0.829	8.400
	A2 商家知名度	1.031	8.493
	A3 商家信誉认证	1.000	—
B 信息传递者信息意识和形象	B1 服务商信息意识	0.774	8.613
	B2 服务商知名度	1.111	8.523
	B3 服务商信誉认证	1.000	—
C 核心节点自组织能力	C1 商务拓展能力	1.067	14.459
	C2 资源整合能力	1.000	—
	C3 组织协调能力	1.015	15.033
D 节点间互利共生方式	D1 利益分配主观公平	1.025	17.488
	D2 利益分配客观公平	0.915	15.371
	D3 利益分配类型	1.000	—
E 链的排异能力	E1 限制素质低商家接入能力	0.994	21.266
	E2 剔除链内劣质商家	0.986	20.547
	E3 抑制链内不良因素恶化能力	1.000	—
F 链的反馈控制能力	F1 正反馈控制	1.518	14.567
	F2 负反馈控制	1.613	14.839
	F3 商家对服务商响应能力	1.404	14.049
	F4 消费者对服务商响应能力	1.000	—

续表

潜变量	观测变量	非标准化载荷系数	T值
G 链的结构合理性	G1 商家类型丰富程度	1.000	—
	G2 一定数量的信息生产者	1.027	17.121
	G3 一定数量的信息消费者	0.941	14.720
	G4 信息生产者和消费者比例协调信息	0.781	13.957
H 链的功能性	H1 信息质量	1.000	—
	H2 消费者对信息的理解程度	1.317	13.036
	H3 消费者对信息供求匹配的满意度	1.490	13.006
	H4 消费者对信息的信任程度	1.208	11.755
I 链的稳定性	I1 技术因子协调程度	1.000	—
	I2 制度因子协调程度	0.996	11.064
	I3 消费者对商家依赖程度	0.902	10.894
	I4 消费者对服务商依赖程度	1.004	12.052

表 5-11　　　　变量的组合信度与平均变异抽取量

潜变量	观测变量	标准化载荷系数	组合信度(CR)	平均变异抽取量(AVE)
A 信息生产者信息意识和形象	A1 商家信息意识	0.585	0.6813	0.4692
	A2 商家知名度	0.753		
	A3 商家信誉认证	0.706		
B 信息传递者信息意识和形象	B1 服务商信息意识	0.591	0.6857	0.4764
	B2 服务商知名度	0.785		
	B3 服务商信誉认证	0.681		
C 核心节点自组织能力	C1 商务拓展能力	0.761	0.7883	0.6219
	C2 资源整合能力	0.810		
	C3 组织协调能力	0.794		

续表

潜变量	观测变量	标准化载荷系数	组合信度（CR）	平均变异抽取量(AVE)
D 节点间互利共生方式	D1 利益分配主观公平	0.873	0.8193	0.6737
	D2 利益分配客观公平	0.755		
	D3 利益分配类型	0.830		
E 链的排异能力	E1 限制素质低商家接入能力	0.875	0.8703	0.7577
	E2 剔除链内劣质商家	0.851		
	E3 抑制链内不良因素恶化能力	0.885		
F 链的反馈控制能力	F1 正反馈控制	0.839	0.8003	0.6442
	F2 负反馈控制	0.858		
	F3 商家对服务商响应能力	0.806		
	F4 消费者对服务商响应能力	0.698		
G 链的结构合理性	G1 商家类型的丰富程度	0.820	0.7643	0.5871
	G2 一定数量的信息生产者	0.817		
	G3 一定数量的信息消费者	0.725		
	G4 信息生产者和消费者比例协调	0.695		
H 链的功能性	H1 信息质量	0.672	0.7480	0.5629
	H2 消费者对信息的理解程度	0.806		
	H3 消费者对信息供求匹配的满意度	0.804		
	H4 消费者对信息的信任程度	0.710		
I 链的稳定性	I1 技术因子协调程度	0.675	0.7078	0.5027
	I2 制度因子协调程度	0.694		
	I3 消费者对商家依赖程度	0.681		
	I4 消费者对服务商依赖程度	0.781		

组合信度是反映模型中观测变量间的相关程度，变量间相关强度越大，模型组合信度值就越高。通常情况下，认为组合信度值在高于 0.6 时，表明模型质量较好。从表 5-11 可以看出，本书各变量组合信度值均超过了 0.6，说明该模型内在质量较为理想。平均变异抽取量通常认为应达到 0.5 或接近 0.5，本书各变量的平均变异抽取量均

超过或接近 0.5，达到了可以接受的范围。

第七节 结构模型拟合程度分析

本书研究设计的结构模型包含 9 个变量，其中信息生产者质量、信息传递者质量、核心节点自组织能力、节点间互利共生方式、链的排异能力、链的反馈控制能力为外因潜变量，商务网络信息生态链的结构合理性、功能性、稳定性为内因潜变量。本书研究的问卷包含 31 个测量指标变量和 35 个问题，通过 AMOS 构建的商务网络信息生态链平衡因素模型如图 5-2 所示。

通过将数据导入 AMOS 软件，运用极大似然法对模型的各项参数进行估计，所得模型适配度统计如表 5-12 所示。

表 5-12　　　　　　　结构模型的拟合度指标

统计检验值	适配值或临界值	参数估计值
卡方统计值 χ^2	—	1962.922
自由度	—	416
卡方统计值与自由度比值 χ^2/df	≤3	4.719
近似均方根误差（RMSEA）	<0.05 适配良好，<0.08 适配合理	0.101
拟合优度指数（GFI）	>0.090	0.699
调整后的拟合优度指数（AGFI）	>0.090	0.641
规范拟合指数（NFI）	>0.090	0.758
比较拟合指数（CFI）	>0.090	0.798
增量拟合指数（IFI）	>0.090	0.799
TLI	>0.050	0.774
PGFI	>0.050	0.587
PNFI	>0.050	0.678
PCFI	>0.050	0.714

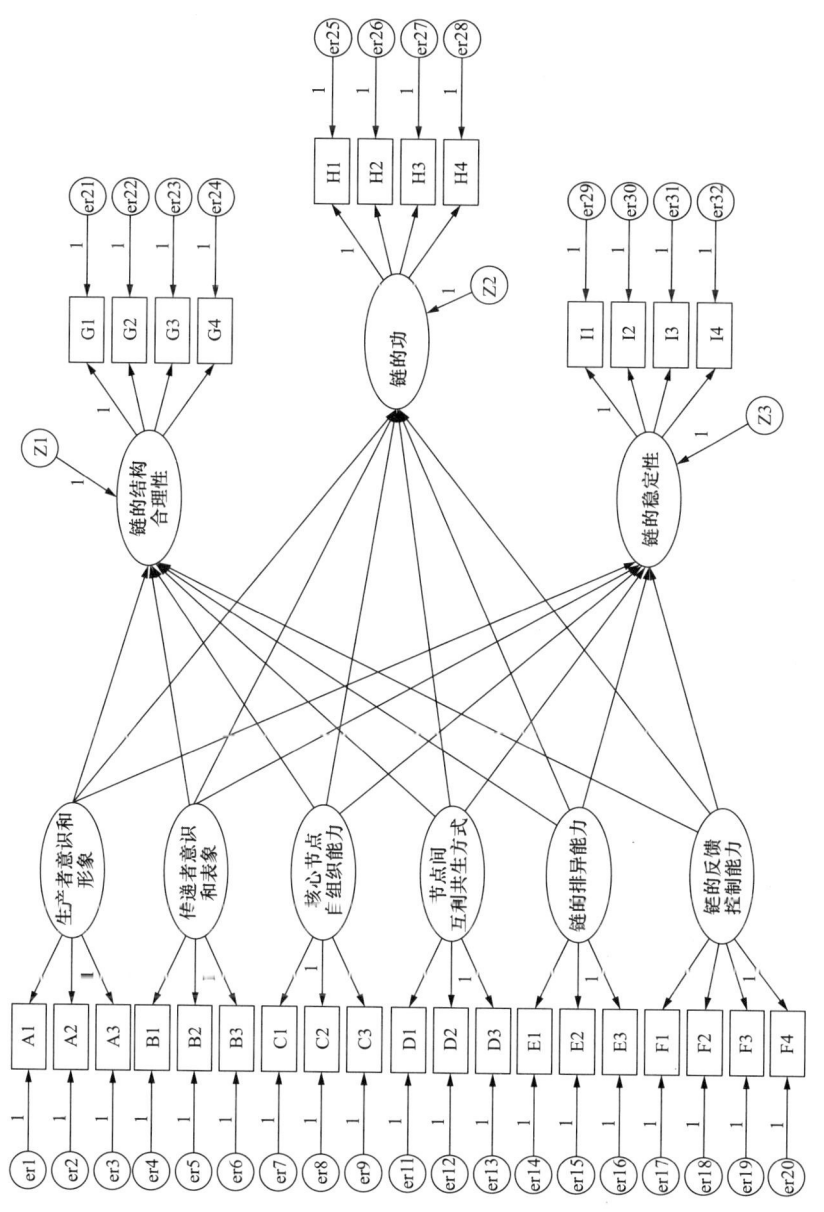

图 5-2 商务网络信息生态链平衡影响因素结构方程模型

从表 5-12 可以看出，卡方统计值为 1962.922，自由度为 416，卡方统计值与自由度比值为 4.719，卡方值越小则表明模型的协方差矩阵与观测数据的匹配度越高。通常研究认为，卡方统计值与自由度比值小于 3 较为合理。因此可以说明该模型初始拟合程度较差。此外，GFI 值为 0.699，AGFI 为 0.641，NFI 为 0.758，CFI 为 0.798，IFI 为 0.799，上述几项指标的标准值均应达到 0.090，而结果均小于该标准值，说明模型适配度仍与理想模型存在一定差距。TLI 值为 0.774，PGFI 值为 0.587，PNFI 值为 0.678，PCFI 值为 0.714，上述几项指标结果均达到了模型所需的标准要求。

在对模型修正指标数值的观察中，发现存在一些指标间的共变关系，如果对指标之间的共变关系进行修正，能够极大地提升模型的整体适配度。SEM 基本上是一种验证性的方法，通常必须有理论或经验法则支持，由理论来引导，在理论引导的前提下，才能构建假设模型图。即使是模型的修正，也必须依据相关理论而来，它特别强调理论的合理性。① 在本书研究中可以发现，所罗列的商务网络信息生态链的影响因素之间的确存在相互影响的关系，某一项指标的变化完全有可能与相应指标发生共变关系。此外，一些误差及残差变量之间的共变也具有可信的理论依据，因此，我们对构建的结构模型进行了修正，修正后的结构模型如图 5-3 所示。

经过修正后的最终结构模型拟合优度检验结果如表 5-13 所示。

表 5-13　　修正后的最终结构模型的各项拟合度指标

统计检验值	适配值或临界值	参数估计值	检测结果
卡方统计值	—	1050.165	—
自由度	—	388	—
卡方值与自由度比值/自由度	≤3	2.706	标准
近似均方根误差（RMSEA）	<0.05 适配良好，<0.08 适配合理	0.069	标准

---

① 吴明隆：《结构方程模型——AMOS 的操作与应用》第二版，重庆大学出版社 2010 年版。

续表

统计检验值	适配值或临界值	参数估计值	检测结果
拟合优度指数（GFI）	>0.090	0.864	可接受
调整后的拟合优度指数（AGFI）	>0.090	0.827	可接受
规范拟合指数（NFI）	>0.090	0.870	可接受
比较拟合指数（CFI）	>0.090	0.913	标准
增量拟合指数（IFI）	>0.090	0.914	标准
TLI	>0.050	0.895	标准
PGFI	>0.050	0.676	标准
PNFI	>0.050	0.726	标准
PCFI	>0.050	0.762	标准

从表5-13中可以看出，修正后的结构方程模型卡方检验值为1050.165，自由度为388，卡方统计值与自由度比值为2.706，达到了小于3的标准，说明模型的适配程度良好。RMSEA值为0.069，达到了小于0.08的合理适配标准。GFI、AGFI与NFI虽然均达到0.090的标准，但均接近标准值，因此本书认为，该结构也同样可以接受。PGFI值为0.676，PNFI值为0.726，PCFI值为0.762均达到了大于0.050的标准，说明模型整体适配度良好。虽然该模型仍有可能进一步修正，一方面考虑到该模型各项参数均达到了较为合理的标准，说明模型拟合程度较好；另一方面过度修正模型可能导致拟合度降低的效果，并且不符合结构方程模型要求的简约型原则。因此，我们认为，在当前各项指标数值均达到较为理想程度的前提下，不再对该模型做进一步修正。

第八节 结构模型中各建构之间路径影响关系分析

本书在修正后的模型基础上对预先假设的各因素对平衡影响的路径关系检验结果如表5-14所示。

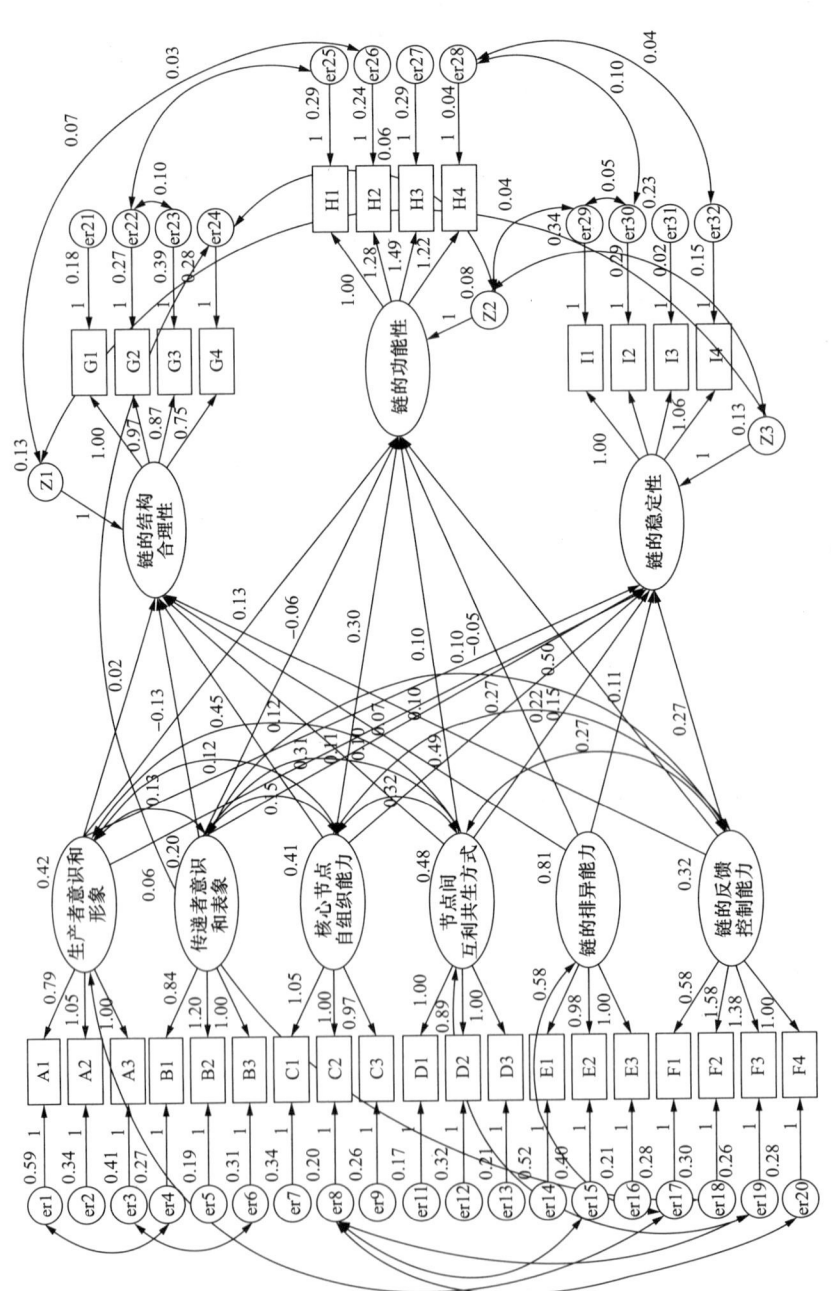

图 5-3 修正后的商务网络信息生态链平衡影响因素结构方程模型

表 5-14 影响因素对表现形式的路径影响关系检验结果

假设路径关系	估计值	S.E.	C.R.	P	S 估计值
链的结构合理性 <--- 信息生产者信息意识和形象	0.023	0.057	0.406	0.685	0.020
链的结构合理性 <--- 核心节点自组织能力	0.445	0.084	5.281	***	0.377
链的结构合理性 <--- 节点间互利共生方式	0.305	0.082	3.711	***	0.282
链的功能性 <--- 节点间互利共生方式	0.102	0.064	1.594	0.111	0.124
链的功能性 <--- 排异能力	-0.046	0.023	-2.006	0.045	-0.073
链的稳定性 <--- 链的排异能力	0.112	0.028	3.998	***	0.181
链的稳定性 <--- 链的反馈控制能力	0.269	0.076	3.530	***	0.274
链的稳定性 <--- 节点间互利共生方式	0.152	0.074	2.069	0.039	0.189
链的稳定性 <--- 核心节点自组织能力	0.268	0.076	3.543	***	0.305
链的功能性 <--- 信息传递者信息意识和形象	-0.063	0.075	-0.846	0.397	-0.050
链的稳定性 <--- 信息传递者信息意识和形象	0.100	0.088	1.134	0.257	0.080
链的功能性 <--- 信息生产者信息意识和形象	0.126	0.045	2.767	0.006	0.143
链的功能性 <--- 核心节点自组织能力	0.299	0.066	4.545	***	0.333
链的结构合理性 <--- 信息传递者信息意识和形象	-0.134	0.098	-1.375	0.169	-0.080
链的功能性 <--- 链的反馈控制能力	0.503	0.073	6.939	***	0.501
链的稳定性 <--- 信息生产者信息意识和形象	0.070	0.052	1.339	0.181	0.082
链的结构合理性 <--- 链的反馈控制能力	0.487	0.086	5.637	***	0.368
链的结构合理性 <--- 链的排异能力	0.005	0.030	0.151	0.880	0.005

其中 P 值小于 0.05 为影响显著，*** 表示 P<0.001

从表 5-14 中各假设路径的检验结果来看，大部分的研究假设得到证实，但仍有一部分假设没有得到证实，具体的相关假设的验证结果如表 5-15 所示。

表 5-15　商务网络信息生态链平衡影响因素假设验证结果

编号	假设	验证结果
H5-1	信息生产者信息意识和形象正向影响链的结构合理性	拒绝原假设
H5-2	信息生产者信息意识和形象正向影响链的功能性	接受原假设
H5-3	信息生产者信息意识和形象正向影响链的稳定性	拒绝原假设
H5-1	信息传递者信息意识和形象正向影响链的结构合理性	拒绝原假设
H5-2	信息传递者信息意识和形象正向影响链的功能性	拒绝原假设
H5-3	信息传递者信息意识和形象正向影响链的稳定性	拒绝原假设
H5-1	核心节点自组织能力正向影响链的结构合理性	接受原假设
H5-2	核心节点自组织能力正向影响链的功能性	接受原假设
H5-3	核心节点自组织能力正向影响链的稳定性	接受原假设
H5-1	节点间互利共生方式正向影响链的结构合理性	接受原假设
H5-2	节点间互利共生方式正向影响链的功能性	拒绝原假设
H5-3	节点间互利共生方式正向影响链的稳定性	接受原假设
H5-1	链的排异能力正向影响链的结构合理性	拒绝原假设
H5-2	链的排异能力正向影响链的功能性	拒绝原假设
H5-3	链的排异能力正向影响链的稳定性	接受原假设
H5-1	链的反馈控制能力正向影响链的结构合理性	接受原假设
H5-2	链的反馈控制能力正向影响链的功能性	接受原假设
H5-3	链的反馈控制能力正向影响链的稳定性	接受原假设

第九节　研究结论

通过第二章和第三章已经对商务网络信息生态链平衡的表现及影响因素进行了系统的理论分析，并且通过专家调查法对影响因素进行了归纳和总结，可以认为所提出的各项影响因素均对商务网络信息生态链的平衡状态产生影响，因此，在先前的因子分析时并未选择探索性因子分析方法，而是选用了验证性因子分析方法。在此基础上，对各影响因素对平衡状态具体表现的影响做出正向假设。所得结论，除信息传递者质量对平衡状态无显著影响这一结论以外，其他结论均在一定程度上反映出各影响因素对商务网络信息生态链的平衡能够产生影响，进而验证了之前提出的商务网络信息生态链平衡的各影响因素是合理的、可信的。在这种总体结论得到印证的前提下，不排除一些影响因素仅对平衡状态的某个方面或某两个方面影响显著。接下来，我们将就信息传递者信息意识和形象对商务网络信息生态链平衡状态无显著影响这一结论进行分析并给出合理的解释。

研究发现，信息传递者质量，即电子商务服务商信息意识和形象对商务网络信息生态链的平衡状态影响不显著，通过分析，我们认为，得出此结论的原因有以下四点：

第一，信息传递者信息意识和形象对商务网络信息生态链的平衡状态影响不显著不等同于信息传递者对平衡状态的影响不显著。通过得出的其他与核心节点相关的研究结论可以看出，电子商务服务商对商务网络信息生态链的平衡状态具有重要影响。

第二，信息传递者信息意识和形象较低，商务网络信息生态链仍有可能保持平衡状态。电子商务服务商信息意识越强、知名度越高以及具有的信用认证越多并不代表商务网络信息生态链的平衡状态就越稳定。商务网络信息生态链的平衡状态是链内各因素相互协调而形成的稳定状态，而不能够简单地认为各因素质量越高，则整合而成的商务网络信息生态链平衡状态就越稳定。因此，这种结论恰恰反映出了商务网络信息生态链平衡具有相对性这一特点。

第三，商务网络信息生态链的平衡依靠的是信息传递者发挥的功能，而非其自身素质、名声和信誉度。通过研究分析发现，商务网络信息生态链的平衡状态是依靠核心节点所具备的能力以及发挥的功能而实现的，而非依赖电子商务服务商的信息意识、知名度和第三方的信誉认证。知名度越高的电子商务服务商同样会出现信息生态链失衡的情况，而知名度较低的电子商务服务商同样能够通过合理的管理制度以及较强的管理能力来维护商务网络信息生态链的平衡状态。

第四，已有的相关研究也从一个侧面对本书研究结果提供了理论依据。朱敏（2012）通过研究发现，移动电子商务服务商的品牌形象、企业质量对消费者的满意度影响并不显著。[1] 尽管也有一些学者研究认为，电子商务服务商质量对消费者的信任度存在影响[2]，但是，通过仔细分析不难发现，产生这种研究结论的原因在于学者将电子商务服务商搭建的网站的全性和易用性概括为电子商务服务商质量，与本书中对电子商务服务商质量的定义存在着较大差异。

本章小结

在本章研究中，主要根据前文已有的研究基础，构建了商务网络信息生态链平衡影响因素及表现形式的概念模型，并列出的影响因素对表现形式的影响做出了理论假设。之后，我们选择商务网络信息生态链中的下游节点，即消费者为受调查群体，并对这一做法给出了合理的解释。在选定受调查群体后，我们经过反复的研究和调整，制定了商务网络信息生态链平衡影响因素及表现形式调查问卷。通过对采集到的调查数据进行统计分析，得出了样本数据的信息度和效度结果，认为样本数据具有较好的收敛效果，适合用于结构方程的统计分析。之后，将数据导入预先设定好的商务网络信息生态链平衡影响因素及表现形式的结构模型中，通过分析和调整模型，使模型适配度达到合理标准。通过本章节的研究，我们验证了先前的理论假设，说明预先的理论分析是科学合理的。通过对研究结果分析各影响因素对平衡具体表现形式的影响，为后续提出商务网络信息生态链平衡策略提供理论依据。

---

[1] 朱敏：《B2C 移动电子商务中消费者满意度影响因素研究》，硕士学位论文，苏州大学，2012 年。
[2] 张晨：《我国 C2C 电子商务消费者信任影响因素研究》，硕士学位论文，沈阳理工大学，2013 年。

第六章　商务网络信息生态链平衡影响因素作用机制

第一节　信息生产者信息意识和形象对平衡状态的影响

在网络信息生态链中，信息生产者所生产的信息质量高低在很大程度上影响链内流转的信息质量，而信息生产者的信息意识和信息素质则在较大程度上决定了其生产的信息质量。信息生产者的质量是信息生产者的信息意识、信息素养等方面的综合性概括，在本书研究中，具体是指商家向消费者主动发布信息的意识、商家在消费者心目中的知名度以及商家是否具有第三方信用机构的认证等方面的整体概括。通过研究发现，信息生产者信息意识和形象主要是通过对商务网络信息生态链信息流转功能产生显著的影响，从而对商务网络信息生态链的整体平衡状态产生影响。

商家作为商务网络信息生态链中的信息生产者，是整条商务网络信息生态链的源头，由于信息生产者的信息意识和形象对商务网络信息生态链中的信息流转功能具有显著影响，因此，链内含有优质商家是商务网络信息生态链达到平衡状态的重要条件。商家具有较强的信息意识，一方面表明商家十分注重自身品牌及商品的信息推广，积极向消费者主动推送相关的商务信息，使商务网络信息生态链内的信息流转活动十分活跃，进而体现出商务网络信息生态链功能的良好发挥。另一方面还能够说明商家十分重视信息质量，尽可能地针对消费者的实际信息需求，为消费者提供内容详细全面的商务信息，从而最大限度地降低信息不对称造成的干扰，使消费者在与商家之间的商务信息交流中增进了解，提升对商家的满意度和信任度，从整体上促进商务网络信息生态链保持平衡状态。

商家的知名度和信誉度越高，消费者对商家的信任程度就越高。通常情况下，消费者在关注某件或某类商品时，首先会选择从那些知名度较高、社会影响力较大、具有信誉认证的商家那里获取相关信息。通过学者研究发现，消费者倾向于从那些知名度较高、信誉度较好的商家那里购买商品，并且具有较高的满意度。不难发现，商家的信息意识、知名度和信誉度存在相互促进的关系。知名度和信誉度越高的商家越注重通过多种渠道宣传和推广自身的商品，而在不断提升商品推广力度的同时，也逐渐提升了商家及商品的知名度以及良好的品牌形象和口碑，从而与消费者之间形成稳定的商务关系并形成良性循环。

研究发现，信息生产者信息意识和形象对商务网络信息生态链结构合理性影响不显著，我们认为，信息生产者信息意识和形象好并不能够表示商务网络信息生态链结构就是合理的。究其原因，首先，任何一条商务网络信息生态链都不可能保证上游所有的商家具有较高质量，并且仍有许多商务网络信息生态链同样能够保持结构合理，从而使整体处于平衡状态。其次，对于一些规模较小、仍处于萌芽阶段的商务网络信息生态链来说，信息生产者信息意识和形象普遍较低，也同样不能说明该链的结构不合理，只能认为该链所处的平衡状态较为低级，仍须通过不断发展和成熟向高级平衡演进。

第二节　核心节点自组织能力对平衡状态的影响

电子商务服务商的自组织能力对商务网络信息生态链结构合理性

的影响体现在以下两个方面：

第一，积极扩充上下游节点的类型及数量。商务网络信息生态链只有在不断发展和进化的前提下，才能够使自身保持平衡状态。若某一条商务网络信息生态链的发展停滞不前，则会在激烈的竞争环境下处于劣势，久而久之，便会出现结构单一、功能弱化等问题，最终造成商务网络信息生态链平衡状态的退化。商务网络信息生态链若要保持平衡稳定以及良性发展的状态，必须在上游不断地积极引进优质商家，在下游扩大消费群体规模。电子商务服务商通过引进优质商家，不仅可以将优质商家的信息意识、服务理念等多个方面的优点带进链内，激发链内同类型商家的发展潜能，促进商务网络信息生态链的整体发展，还能够通过引进优质商家不断提升服务质量，扩大服务范围，树立电子商务服务商的品牌效应，巩固商务网络信息生态链内的核心地位，从而确保商务网络信息生态链的平衡状态持续稳定。

第二，电子商务服务商凭借自组织能力能够充分调动商家的积极性，保持同类商家间的竞争强度，使同类型商家通过适度的竞争激发潜力，提升自身质量。同类型商家间的适度竞争环境不仅能够促进商家努力提升商品、管理及服务等方面水平，还能够促使商家努力增强自身的信息意识，不断自我创新，增强自身的生存能力，从而整体提升商务网络信息生态链的抗风险能力，进而保障了整条链的平衡状态长久稳定。

电子商务服务商自组织能力对商务网络信息生态链功能性的影响体现在以下两个方面：

第一，电子商务服务商具有较强的自组织能力，能够确保上游发布的信息不会被空置，避免信息资源浪费。当商务网络信息生态链在不断发展的过程中，由于商家数量的不断增加，导致商家的信息生态位相互挤压，信息发布功能会在不同程度上受到抑制，不仅限制了商家的信息流转途径以及信息传播范围，同时还增加了消费者寻求符合自身需求的商家的难度。电子商务服务商的组织协调能力越强，越能够合理分配功能、时间、空间等有限资源，确保上游商家发布的信息都能够被有需求的消费者所接收，避免信息资源浪费。

第二，电子商务服务商具有较强的自组织能力能够使消费者更加便捷地查询到所需信息。电子商务服务商能够通过较强的自组织能力对链内现有的资源进行整合并优化，采用先进合理的信息资源组织技术提升消费者对所需信息的检索效率，增强消费者对电子商务网站感知的易用性，提升链内的信息流转效率。

电子商务服务商自组织能力对稳定性的影响主要体现在，电子商务服务商凭借自组织能力既能够保持与商家间的稳定合作，又能够保持与消费者之间的稳定供需关系。

第一，电子商务服务商的自组织能力越强，就越能平衡同类型商家之间的利益冲突，为同类型商家提供公平的资源配置，确保同类型商家间能够在较为平等的环境下竞争。

第二，电子商务服务商具备较强的自组织能力还能够合理分配不同类型商家的资源配置。例如，制定合理的组织各类商家群体开展促销活动的日程安排，使不同类型商家都能够通过电子商务网站首页或展销特定页面优先向消费者发布信息。即使实力最强大的电子商务服务商，其资金、功能、服务、资源等各个方面都会存在上限，具备较强自组织能力的电子商务服务商能够在有限的能力范围合理优化链内不同资质商家的资源配置。特别是具有庞大规模的商家及消费群体的商务网络信息生态链，服务商能够尽量避免加大资质认证较全的大型规模商家与只具有一般资质认证的小型规模商家之间的资源配置差距。及时缓解这种资源配置差距，使规模较小的商家避免由于受到规模较大商家的挤兑而压缩生存空间，恶化小规模商家群体的生存环境，造成小规模商家间的恶性竞争，从而对商务网络信息生态链的平衡状态造成不良影响。

第三，电子商务服务商在有序组织商家积极开展营销活动的同时，也在对不同类型的消费群体进行组织协调，避免大量消费者在同一时间段内进行电子商务而造成信息拥堵，降低信息流转效率。

第三节 节点间互利共生方式对平衡状态的影响

在本书研究中，由于不同类型商务网络信息生态链中节点间的互利共生方式存在差别，并且节点间利益分配的具体情况也难以观测，因此，选取消费者对利益分配的感知作为观测指标来反映整条链节点间互利共生情况。研究发现，商务网络信息生态链节点间互利共生对链的结构合理性和稳定性产生较为显著的影响，我们认为，这是由于节点间互利共生情况越好，一方面，表明商家与电子商务服务商能够在利益合理分配的情况下结成稳定的合作关系，不仅保证了链内的信息来源，还能够为下游消费者提供充足的选择，从而保证了商务网络信息生态链上游结构的合理性。另一方面，良好的节点间互利共生关系使消费者能够购买到自己认为物有所值的商品，提升消费者对商家及服务商的满意程度，使消费者与商家和服务商形成紧密联系，从而保障商务网络信息生态链具有较强的稳定性。

在商务网络信息生态链中，经济利益是作为链内的主体利益，同时也是核心利益，是商务网络信息生态链形成以及发展的根本动力。在商务网络信息生态链发展的不同时期，经济利益对于各类电子商务主体来说，尽管其作用和地位会发生一定的变化，但不会影响其作为核心利益的主体地位。例如，处于起步阶段对商家更注重树立良好品牌形象和消费者口碑，这个时期商家并不会过分注重经济利益，而是较为关注名声、形象等社会利益。当商家已经具备一定的社会知名度和影响力，并且具有稳定的消费市场时，便会主要关注经济利益，而其他利益则作为辅助利益。然而，无论商务网络信息生态链中的各类主体间是何种互利共生关系，商家、电子商务服务商和消费者对利益分配公平程度的主观及客观感知，可分配利益的种类均是各类主体衡量是否结成稳定合作关系，维持链内平衡状态所参照的重要标准。以处于起步阶段的商家为例，当商家认为尽管在经济利益方面无法获得满意的利润回报，但是，通过与电子商务服务商的合作，能够为商家树立良好的企业形象及品牌效应，并且不断增加消费者群体数量时，则商家仍然会与电子商务服务商形成稳定良好的互利共生关系，而消费者也通过该电子商务服务商从商家那里购买到物美价廉的商品，在这种情况下，商务网络信息生态链更容易形成平衡稳定的状态。当电子商务服务商能够与大量商家形成良好的互利共生关系时，不仅能够保证商务网络信息生态链上游组织结构的稳定，还能够为消费者提供充分的选择空间，从而促进消费者与商家和电子商务服务商形成良好的稳定关系。

　　本书研究还发现，节点间互利共生方式对商务网络信息生态链功能性影响并不显著，我们认为，主要在于信息主体之间的互利共生关系不影响各自信息功能的正常发挥。商务网络信息生态链的信息功能是链内各个主体信息功能的总和，而各信息主体的信息功能水平是受自身实力及能力限制的，信息功能不会因为信息主体不在链内或退出链时而消失，信息主体同样可以通过加入其他电子商务信息生态链而继续发挥信息功能。因此，互利共生关系的弱化或消失并不能够造成主体信息功能的减弱。同理，互利共生关系的强化也并不能够表示信息主体的信息功能得到了增强。

第四节　链的排异能力对平衡状态的影响

　　商务网络信息生态链中链的排异能力越强，则说明电子商务服务商对商家和消费者的管束力度越大，对不符合要求的商家或出现违规行为的用户的监管能力就越强。在这种情况下，商务网络信息生态链内的秩序性较强，消费者对商家及服务商的信任程度也就越高，经常会通过该商务网络信息生态链获取信息，因此，整条链的稳定性也就较强。从研究结果中可以发现，商务网络信息生态链点的排异能力对链的结构合理性影响并不显著。我们认为，商务网络信息生态链的结

第六章 商务网络信息生态链平衡影响因素作用机制

构合理性强调的是信息主体的类型及数量丰富程度,商家的种类越丰富,数量越多,则消费者可选择的商品就越多,发生电子商务交易活动的概率就越大,消费者通过该商务网络信息生态链的重复购买可能性就越大。从这个角度来看,链的排异能力的确与商家和消费者的类型及数量之间不存在显著的因果关系。此外,我们通过研究还发现,链的排异能力对商务网络信息生态链的功能性存在负面影响。我们认为,尽管链的排异能力能够对整体的稳定性影响显著,但是,这种链的排异能力的发挥需要在合理的限度内,链的排异能力过于强大,说明服务商对商家和消费者的监管过于严格,而电子商务活动下这种过于强大的约束力会导致商家和消费者之间的信息流转受到严格限制,并不利于商家和消费者之间开展电子商务活动,因而对整体的平衡状态产生负面影响。电子商务服务商制定的信息流转制度应当与商务网络信息生态链当前所处的环境、现有结构、功能水平等多方面相互协调,对链内的信息流转功能起到促进作用。合理的管理制度能够有效地激励商家和消费者积极开展电子商务活动,保证商务网络信息生态链平衡状态。

首先,商务网络信息生态链内的信息流转制度,既不宜过于严苛,也不宜过于松散。过于严苛的信息流转制度将对商家和消费者的信息行为产生较强的限制作用,抑制信息功能的正常发挥。过于松散的信息流转制度则容易造成信息内容宽泛模糊,导致商家和消费者之间产生误会和冲突。

其次,服务商制定的管理制度应当与自身的管理能力相符合。例如,电子商务服务商应当在具有较强的监管能力和经济基础上才可以向消费者承诺假一罚十、货到付款、先行赔付等服务手段。服务商对其所指定的商务网络信息生态链管理制度应当严格执行,否则不仅对自身的信誉和形象造成严重损害,还会导致商家和消费者逐渐脱离该链,并最终导致商务网络信息生态链的断裂。

第五节　链的反馈控制能力对平衡状态的影响

正负反馈是直接影响网络信息生态链平衡的两个主要因素。正反馈控制能够对当前网络信息生态链发展变化起到促进和增强作用，从而破坏网络信息生态链的平衡状态。负反馈控制能够对当前网络信息生态链发展变化起到抑制和弱化作用，从而促进网络信息生态链平衡。

通过研究能够得出结论，链的反馈控制能力对商务网络信息生态链平衡状态影响最为显著，对链的结构合理性、功能性和稳定性均存在显著影响。通过研究分析不难发现，电子商务服务商的反馈控制能力越强，说明电子商务服务商对商家和消费者的反馈信息就越为敏感，对商家和消费者反馈做出的应对也就越及时，从整体上看，也就越能够使商务网络信息生态链的平衡状态保持稳定，不被破坏。此外，商家和消费者对电子商务服务商发生改变后的响应越及时，不仅能够表明商家和消费者始终高度关注电子商务服务商的变化，同时还能够较好地适应这种改变，这就表明商务网络信息生态链上下游节点能够较好地与核心节点相互适应，彼此协调。

商务网络信息生态链中任何因素发生改变都是源于电子商务信息主体间的反馈活动，消费者的满意度提升，需求量增大，这种正反馈就将促使商务网络信息生态链发生平衡进化；消费者满意度降低，出现不满或抱怨，这种负反馈将促使电子商务服务商及时对自身进行调整，对商家进行必要的管束，从而保持当前平衡的稳定状态；当电子商务服务商出现提升管理水平、完善服务体系、增强电子商务网站功能等方面的变化时，同样需要商家及消费者的积极反馈，从而及时适度地调解自身的这些变化，保障商务网络信息生态链在动态平衡状态下平稳进化。商务网络信息生态链中各类信息主体积极反馈应表现为两个方面：一方面是服务商应当积极响应商家及消费者的反馈。服务商不仅应当时刻关注消费者对电子商务活动整体或某个方面的满意度评价反馈，还应当通过售后服务追踪等方式主动向消费者了解电子商务活动的整体情况。服务商还应当注重商家对服务商提供的服务内容的真实感受，从而适当调节服务内容及服务方式，确保和商家之间能够形成长久稳定的合作关系。另一方面商家应当积极响应消费者反馈，根据消费者的反馈信息不断提升信息及服务质量。商家应当清醒地意识到与消费者之间的某一次交易活动的完成并不代表电子商务活动的结束，反而应当是与消费者之间形成稳定的商务关系的开始。商家应当积极回应消费者对商品、价格、物流、售后等各个方面的咨询和评价，通过积极回应消费者反馈使消费者对商家形成信任感，并通过与消费者之间的沟通，深入挖掘消费群体的需求动向，从而不断地提升自身的产品及服务质量，确保商务网络信息生态链整体的平稳发展。

本章小结

在本章的研究中，我们主要根据实证分析结果对商务网络信息生态链平衡影响因素的作用机制进行了深入的理论分析。从揭出的各类影响因素出发，通过对影响因素对于平衡状态的影响，系统地梳理各类影响因素对商务网络信息生态链动态平衡的影响路径。同时，也对先前的实证研究中未得到统计学支持的原定假设进行了理论推演与科学解释。

第七章 研究结论与展望

第一节 研究的主要结论

随着近年来信息生态学，特别是网络信息生态链研究逐渐成为管理学、情报学、经济学等学科领域的研究热点，大多数学者对网络信息生态链及商务网络信息生态链的组成结构、形成机理、失衡表现及原因等方面进行了深入细致的研究，针对不同类型的商务网络信息生态链，对其结构因素、功能、环境等方面进行了系统剖析，对不同原因导致的网络信息生态环境失衡、网络信息生态链断裂等问题进行研究，并提出相应的治理措施。仅有少数学者对网络信息生态链的平衡开展过相关研究，而对商务网络信息生态链的平衡机理研究更是少之又少，少数学者尽管提出电子商务网络信息生态链生态化评价及失衡治理策略，然而，仍然没有较为明确地指出商务网络信息生态链平衡的影响因素及作用机理，因此，本书在现有研究基础上通过对商务网络信息生态链平衡的影响因素及表现形式等进行分析和研究，得出以下结论：

第一，在现有研究基础上，对商务网络信息生态链平衡的概念进行了界定，明确阐述了商务网络信息生态链平衡的表现形式。本书首先界定了商务网络信息生态链平衡的概念，认为商务网络信息生态链平衡可以看作链内信息生态因子间相互协调，信息人通过信息流转实现信息共享，从而达到促进电子商务活动顺利开展的稳定状态。同时还指出，商务网络信息生态链的结构合理性、功能性和稳定性是其平衡状态的表现形式。

第二，通过实证分析方法，验证了商务网络信息生态链平衡理论中的相关影响因素。由于国内外学者对商务网络信息生态链的相关研究中并没有明确地指出对其平衡状态的影响包括哪些因素，同时也没有较为成熟的商务网络信息生态链平衡状态测度量表，因此，本书在已有的相关研究成果基础上，对商务网络信息生态链平衡影响因素进行归纳并提炼，参考并借鉴了国内外学者相关研究中较为成熟的量表，并通过实证分析，验证了理论分析中所设定的因素对平衡状态存在影响。

第三，分析并指出了商务网络信息生态链中各影响因素对平衡状态的作用机理。因此，本书不仅在理论上通过归纳演绎及分析推理等方法对影响因素进行了提炼，更通过实证分析方法对平衡状态下影响因素的具体作用机制进行了验证。在各因素得到验证的基础上对平衡状态的作用机制进行了深入的分析，为以后提出的相关失衡治理措施提供理论依据。

第二节 研究存在的局限

尽管本书在理论分析与模型构建的基础上对商务网络信息生态链平衡机理进行了深入研究，基本上达到了研究的预期目标。但是，在理论分析与实践相结合的过程中不可避免地存在一些限制因素，导致研究的内容及结论存在一定的局限性，具体表现在以下四个方面：

第一，影响因素及表现形式存在局限性。在本书中，我们通过对国内外学者在电子商务、信息生态等领域已有的研究成果进行总结归纳，分析了商务网络信息生态链平衡状态的表现形式及影响因素。然而，本书中提出的商务网络信息生态链平衡状态的表现形式及影响因素是对各类商务网络信息生态链的提炼和归纳，并不能够完全代表所有商务网络信息生态链平衡状态的表现及影响因素，不排除仍然存在其他平衡状态的表现以及与之相关的影响因素。此外，对于特定类型或具体到某一条商务网络信息生态链时，其平衡表现及影响因素可能与本书中所设定的相关因素存在不一致。

第二，观测指标的选取存在局限性。在考虑到对商务网络信息生态链平衡状态及影响因素分析的可行性后，我们在选取观测指标时会遇到一些不可避免的限制性因素，造成观测指标并不能够全面反映相应的影响因素或表现形式。例如，电子商务服务商的自组织能力这一影响因素，在本书中所设立的观测指标仅能在较大程度上代表其自组织能力状况，而并不能完全表示其能力。电子商务服务商的自组织能力还包括对物流企业、银行、软件服务商等其他主体的组织协调能力，而从本书的可行性角度来看，这些能力的观测及衡量难度非常大，并且鉴于这些能力对电子商务信息生态系统中的核心结构平衡状态影响程度较小，并非本书中的研究重点，因此将此类因素忽略。

第三，消费者对平衡状态感知存在局限性。为了能够对商务网络信息生态链的平衡状态的表现及影响关系进行深入研究，我们选择消费者群体作为受调查对象，以消费者对商务网络信息生态链平衡状态的表现及影响方面的感知评价作为样本数据进行分析，并对选择消费者作为受调查群体的原因进行了解释和说明。尽管通过对消费者进行调查分析后，得出的研究结论能够科学合理地解释商务网络信息生态链平衡的原因及表现，并深入揭示商务网络信息生态链平衡影响因素与表现的内在关联，但是，消费者对商务网络信息生态链整体的平衡状态感知毕竟存在一定局限，例如，消费者难以清楚地了解商家与电子商务服务商之间的共生情况，而只能够通过消费者对既得利益感知来推测上游主体间的互利共生情况。这种分析从理论上具备一定的可行性，然而，并不能够完全反映商务网络信息生态链中各类主体间的互利共生的整体情况。

第四，对特定链的平衡作用机制研究存在局限性。在本书中，通过以消费者的视角对商务网络信息生态链平衡机理进行实证研究，对商务网络信息生态链平衡影响因素和具体的表现形式间的作用机制进行了细致的理论分析，并以举例的方式对研究观点进行了佐证，所得出的研究结论在于强调影响因素对于表现形式的作用机制，而非影响效果。对于不同类型的商务网络信息生态链来说，由于其结构、功能以及所处的信息环境等多方面差异，其平衡状态下各影响因素对表现形式的具体作用效果也存在着较大差异，而本书中并没有对具体商务网络信息生态链平衡的作用机制进行细致研究。

第三节 研究展望

在本书不断探索和前进的过程中，我们充分体会到商务网络信息生态链平衡机理研究的理论及实践意义，尽管我们的研究取得了一定的阶段性成果，然而，从已有的研究结论以及研究存在的局限来看，未来我们将在以下五个方面进行深入研究：

第一，细化并完善商务网络信息生态链平衡的理论研究。在本书中，我们对商务网络信息生态链平衡的概念进行了详细阐述，并认为，商务网络信息生态链的平衡状态具有相对性、动态性和层级性三个属性，还对平衡状态的表现及影响因素进行了细致研究。在后续的研究中，我们将继续广泛收集国内外学者研究成果，继续归纳已有的理论观点及实践成果，对商务网络信息生态链平衡状态的表现及影响因素进行完善和扩充，进一步明确平衡状态的具体表现形式以及存在的影响因素，从而完善商务网络信息生态链平衡研究的理论体系。

第二，扩充并完善商务网络信息生态链平衡状态的观测量表。在本书中，由于商务网络信息生态链平衡研究中仍然缺乏成熟量表，因此，我们通过探索式的研究，将信息生态平衡、电子商务、消费者感知等研究领域已有的研究成果进行有机融合，初步制定了商务网络信息生态链平衡状态的观测量表。在后续的研究中，我们将继续不断深入探索，扩充并完善量表，使量表能够更加精准地概括商务网络信息生态链平衡的各个方面。

第三，尝试多个视角下商务网络信息生态链平衡机理分析。由于在实证分析的过程中我们选择以消费者为受调查对象，因此，本书的观点和结论主要是从消费者感知视角进行分析并得出的，尽管我们通过这一视角得出了科学合理的研究结论，并取得了一些研究成果，但是，在细节方面仍然不够准确。例如，以消费者对所得利益的满意程度来推测商务网络信息生态链上游主体间的互利共生情况。因此，在之后的研究中，我们将从商家和电子商务服务商的视角，对商家和服务商开展实地调研，在获得第一手资料的前提下结合消费者视角下的研究观点及结论，在整体上对商务网络信息生态链的平衡机理进行全面研究。

第四，对特定商务网络信息生态链平衡状态展开研究。本书以一般的商务网络信息生态链为研究对象，其中，以第三方电子商务服务商作为信息传递者的链为主要研究对象，其理论观点和研究结论普遍适用于各类商务网络信息生态链。然而，在研究过程中，为了能够使研究结果具有普适性，我们舍弃了个别商务网络信息生态链中存在的特殊表现形式及影响因素。在后续的研究中，我们将针对特定类型商务网络信息生态链展开细致研究。例如，B2B、O2O等某一类商务网络信息生态链或阿里巴巴、京东等某一条具体商务网络信息生态链作为研究对象。

第五，以消费者感知作为研究视角对商务网络信息生态链失衡提出相应治理措施。在本书研究的基础上，我们对商务网络信息生态链平衡机理有了更为深入的认识和了解，同时对各影响因素对具体表现形式的作用机理有了更加清晰的认识，在此基础上，我们将针对商务网络信息生态链中出现的失衡现象进行分析，并在现有研究基础上提出具有针对性的治理措施。

附　　录

一　商务网络信息生态链平衡标准及因素调查问卷

尊敬的各位专家，您好！我们正在进行一项关于"商务网络信息生态链平衡机理"的学术研究，希望了解一下您对商务网络信息生态链平衡标准及影响因素重要性的看法。您的宝贵意见对我们的学术研究非常重要，所以希望您能够非常认真地表达自己的意见，感谢您的大力支持！

第一部分，商务网络信息生态链平衡标准重要性调查。

以下问题请您按照影响因素的重要程度（十分重要，得5分；比较重要，得4分；重要，得3分；无所谓，得2分；不重要，得1分）进行打分，并将分数填在相应的表格内。

维度	平衡标准	具体说明	十分重要	比较重要	重要	无所谓	不重要
结构合理	商家类型丰富程度	商务网络信息生态链内信息主体的类型丰富程度					
	一定数量的信息生产者	商务网络信息生态链应具有一定数量的信息生产者					
	一定数量的信息消费者	商务网络信息生态链应具有一定数量的信息消费者					
	信息生产者和消费者比例协调	商务网络信息生态链中各类信息主体间比例协调					

续表

维度	平衡标准	具体说明	十分重要	比较重要	重要	无所谓	不重要
功能良好	信息供求匹配程度	商务网络信息生态链中信息生产者提供的信息能够满足信息消费者的需求					
	信息质量	商务网络信息生态链中流转的信息质量					
	信息流转速度	商务网络信息生态链中信息的流动、转化、更新等方面的速度					
	信息交流工具类型及便捷性	商务网络信息生态链中信息主体间交流工具的多样性及便捷性					
相对稳定	技术因子协调程度	商务网络信息生态链中信息主体间的信息技术共同，不存在技术障碍					
	制度因子协调程度	商务网络信息生态链中信息主体间的制度相互认可，不存在制度障碍					
	消费者对服务商依赖程度	信息消费者对信息生产者及信息传递者的依赖程度					

第二部分，商务网络信息生态链平衡因素重要性调查。

以下问题请您按照影响因素的重要程度（十分重要，得5分；比较重要，得4分；重要，得3分；无所谓，得2分；不重要，得1分）进行打分，并将分数填在相应的表格内。

一级因素	二级因素	指标说明	十分重要	比较重要	重要	无所谓	不重要
节点意识和形象	信息生产者信息意识和形象	商家的信息意识和形象					
	信息传递者意识和形象	电子商务服务商信息意识和形象					
	信息消费者意识和形象	消费者的信息意识和形象					

续表

一级因素	二级因素	指标说明	十分重要	比较重要	重要	无所谓	不重要
核心节点自组织能力	运营管理能力	电子商务服务商对自身企业及网站的正常运营及管理能力					
	商务拓展能力	电子商务服务商积极拉拢新的商家，拓展商品渠道的能力					
	资源整合能力	电子商务服务商对链内信息资源的有效管理能力					
	组织协调能力	电子商务服务商组织商家和消费者积极开展电子商务活动的能力					
节点间互利共生方式	利益分配主观公平	在主观上电子商务活动参与的各方主体的利益诉求均能够得到满足					
	利益分配客观公平	在客观上参与电子商务活动的各方主体投入成本与所得利益合理匹配					
	利益分配类型	电子商务活动中所涉及的利益种类，包括经济利益、形象利益、精神利益等					
	利益分配方式	参与电子商务活动的各方主体以何种利益方式合作					
链的排异能力	限制素质较低商家接入能力	电子商务服务商限制低素质商家通过该网站开展电子商务活动的能力					
	剔除链内劣质商家	电子商务服务商终止不符合要求的商家开展电子商务活动的能力					
	抑制链内不良因素恶化能力	电子商务服务商对商家及消费者的不良信息行为的监管能力					
链的反馈控制能力	正反馈控制	电子商务服务商满足消费者更高需求的能力					
	负反馈控制	电子商务服务商合理处理消费者抱怨及投诉能力					
	商家对服务商响应能力	商家对电子商务服务商发生变化的响应能力					
	消费者对服务商响应能力	消费者对电子商务服务商发生变化的响应能力					

二 商务网络信息生态链平衡机理研究调查问卷

您好！我们是"商务网络信息生态链平衡机理研究"课题组，希望通过以下调查问题了解您对于商务网络信息生态链平衡的影响因素的看法，您的选项完全取决于您对电子商务的理解和经历，希望您能够认真地表达自己的意见，再次对您的参与表示真挚的感谢！

第一部分

1. 您的性别：（　　）

A. 男　　　　　　　　B. 女

2. 您的受教育程度：（　　）

A. 高中及以下学历　　B. 大专

C. 本科　　　　　　　D. 研究生

3. 您的职业：（　　）

A. 学生　　　　　　　B. 教师及科研人员

C. 电子商务从业人员　D. 政府公务人员

E. 企业职员　　　　　F. 其他

4. 您在半年内进行过的电子商务活动次数：（　　）

A. 5 次及以下　　　　B. 5—10 次

C. 11—20 次　　　　　D. 20 次以上

第二部分

请根据您某一次的电子商务活动经历，对以下问题的观点进行评价，以下问项由左到右分别为完全同意到完全不同意，请按照您的个人程度进行选择。您可以选择在对应观点的方块内画"√"；也可以按照完全同意（5分）、比较同意（4分）、同意（3分）分、不太同意（2分）、完全不同意（1分）在对应方块内打分。

编号	问题描述	完全同意	比较同意	同意	不太同意	完全不同意
1	向我销售过商品的商家经常会通过短信、QQ、电子邮件等多种方式向我发送商品信息、价格信息、打折促销信息等					
2	我更愿意选择从一些知名度较高的品牌商家那里购买商品					
3	我更愿意选择有第三方机构认证的信誉度高的商家购买商品					
4	该电子商务网站总会通过短信、电子邮件、QQ、广告等多种方式向我发送商品信息、价格信息、打折促销信息等					
5	我总是选择知名度高的电子商务网站进行购物					
6	我经常选择有第三方机构认证的信誉度高的电子商务网站购买商品					
7	我经常能够在该电子商务网站上看到很多新的商家					
8	我认为该电子商务网站将商品的类别划分十分细致,能够针对特定群体对商品进行分类					
9	该电子商务网站能够根据我的关注热点及消费习惯为我提供相关商品及商家信息以便我进行选择和比较					
10	该电子商务服务商经常能够组织各类商家举行低价特卖、节日促销、限时抢购等优惠活动					
11	我从该电子商务网站购买的商品基本都能够达到我预期的期望					
12	我从该电子商务网站购买的商品虽然并没有达到我预期的期望,但我认为符合商品的价格水平					

续表

编号	问题描述	完全同意	比较同意	同意	不太同意	完全不同意
13	我认为商家及网站不仅获得了经济利益，还获得了一定的名声、形象等社会利益					
14	我认为该电子商务服务商对入驻的商家或会员有较为明确、严格的审核制度及详细的审批流程，保证注册会员资质的真实性、合法性					
15	我认为该电子商务服务商能够根据相关制度条文对严重违反规定的商家实行封闭店铺、封锁账号等措施禁止其商务活动并终止合作关系					
16	我认为该电子商务服务商对商家发布的信息能够进行严格监管，针对商家发布的虚假信息、夸张承诺等行为予以警告					
17	我认为该电子商务服务商对消费者发布的信息能够进行严格监管，针对消费者发布的恶意评论、不文明用语、恶意刷屏等不当信息行为予以警告					
18	当我的信息需求增大、数量增多、需求频繁时，电子商务服务商及商家在软件、硬件等方面具备足够能力进行调整以满足我的需要					
19	当电子商务服务商难以满足我的需求或当我向商家和电子商务服务商进行投诉时，服务商能够通过适当合理的措施降低我的不满情绪或对我予以适当补偿					
20	我认为当该电子商务网站的运营模式、管理模式、合作模式、宣传模式等发生变化时，商家有能力及时与其协商，并进行相应调整					

续表

编号	问题描述	完全同意	比较同意	同意	不太同意	完全不同意
21	我能够凭借自身的知识水平、情感认知等良好地适应该电子商务网站的功能、制度、信息类型及内容等发生的变化					
22	我认为该电子商务网站内的商家及商品种类十分丰富，让我可以随意地进行选择					
23	我经常能看到很多消费者对商品或商家的评价					
24	有非常多的商家通过该电子商务网站进行销售的时间超过两年					
25	当我向商家发送订单时，商家总能迅速地发货咨询商家或网站客服时，客服总能迅速地回复我					
26	该电子商务网站内各类信息内容十分详细					
27	该电子商务网站提供多种形式的信息，例如文字信息、图片信息、视频信息、音频信息等					
28	我能够完全理解商家及网站发布的任何信息，例如商品的规格型号、使用说明、维修及保养等，网站发布的促销活动等					
29	我认为商家及网站发布的信息足以满足我的信息需求，不需要其他的信息了					
30	我十分信任商家及网站发布的任何信息					
31	我访问该电子商务网站便不存在任何技术障碍（如图片、视频等文件无法识别）					
32	我完全认可电子商务网站制定的相关制度规定，并能够很好地遵守					
33	我经常会去之前的购物经历我比较满意的商家那里去购买同类或相似的商品					
34	每当我想要通过网络购买商品，我都会选择该电子商务网站					

主要参考文献

[1] 毕达宇、娄策群、张苗苗:《网络信息生态链稳定性研究》,《情报科学》2014年第7期。

[2] 曹凑贵:《生态学概论》,高等教育出版社2002年版。

[3] 陈曙:《信息生态的失调与平衡》,《情报资料工作》1995年第4期。

[4] 陈曙:《信息生态失调的剖析》,《山东图书馆季刊》1995年第4期。

[5] 程彩虹、陈燕方、毕达宇:《数字图书馆信息生态链结构要素及结构模型》,《情报科学》2013年第8期。

[6] 程琳:《网络信息生态链供需平衡度测评及教育网站实测研究》,《图书情报工作》2014年第8期。

[7] 程琳、邹正宇:《信息场促进教育信息生态系统平衡的作用机制研究》,《情报科学》2011年第5期。

[8] 戴伟辉、戴勇:《网络游戏生态链研究》,《软科学》2005年第1期。

[9] 段尧清、余琪、余秋文:《网络信息生态链的表现形式、结构模型及其功能》,《情报科学》2013年第5期。

[10] 付媛:《平台型电子商务聚集机制研究》,博士学位论文,西北大学,2013年。

[11] 韩子静:《信息生态系统初探》,《图书情报工作》2008年增刊第2期。

[12] 韩子静:《信息生态学与信息生态系统平衡研究》,硕士学位论文,浙江大学,2008年。

［13］韩刚、覃正：《信息生态链：一个理论框架》，《情报理论与实践》2007年第1期。

［14］霍明奎、张向先、靖继鹏：《供应链信息生态链形成机理研究》，《情报科学》2012年第10期。

［15］胡岚岚：《平台型电子商务生态系统及其自组织机理研究》，博士学位论文，复旦大学，2010年。

［16］胡岚岚、卢向华、黄丽华：《电子商务生态系统及其演化路径》，《经济管理》2009年第6期。

［17］姜婷婷、除伟：《基于万维网信息生态系统的信息构建》，《情报学报》2004年第3期。

［18］蒋录全：《信息生态与社会可持续发展》，北京图书馆出版社2003年版。

［19］柯健：《网络教学信息生态系统评价研究》，《情报理论与实践》2011年第12期。

［20］冷晓彦等：《商务网站信息生态系统运行机制研究》，《情报科学》2014年第2期。

［21］冷晓彦、马捷：《网络信息生态环境评价与优化研究》，《情报理论与实践》2011年第4期。

［22］李传印：《生态系统稳定性与生态文明建设》，《理论导刊》2010年第6期。

［23］李北伟等：《网络信息生态链评价研究——以淘宝网与腾讯拍拍为例》，《情报理论与实践》2013年第9期。

［24］李北伟、董微微：《基于演化博弈理论的网络信息生态链演化机理研究》，《情报理论与实践》2013年第3期。

［25］李北伟、董微微、富金鑫：《基于演化博弈理论的网络信息生态链研究》，《图书情报工作》2012年第22期。

［26］李北伟、徐越、单既民等：《网络信息生态链评价研究以淘宝网与腾讯拍拍为例》，《情报理论与实践》2013年第9期。

［27］李杨、姚娜、杜子平：《网络信息生态系统恢复力研究》，《图书馆学研究》2011年第15期。

[28] 李以渝：《正反馈、负反馈概念新探》，《社会科学研究》1998年第3期。

[29] 刘洵：《数字图书馆信息生态系统平衡调控机制研究》，《内蒙古科技与经济》2013年第10期。

[30] 刘珍、过仕明：《网络信息生态系统优化路径研究》，《情报科学》2017年第3期。

[31] 刘枚莲、黎志成：《面向电子商务的消费者行为影响因素的实证研究》，《管理评论》2006年第7期。

[32] 娄策群、常微、徐黎思：《信息生态链优化的准则探析》，《情报科学》2010年第10期。

[33] 娄策群、赵桂芹：《信息生态平衡及其在构建和谐社会中的作用》，《情报科学》2006年第11期。

[34] 娄策群、赵云合、齐芬：《信息生态系统的平衡机制》，《图书情报工作》2009年第18期。

[35] 娄策群、周承聪：《信息生态链：概念、本质和类型》，《图书情报工作》2007年第9期。

[36] 栾春玉、霍明奎、卢才：《信息生态链组成要素及相互关系》，《情报科学》2014年第11期。

[37] 吕桂芬：《网络信息生态失衡与对策研究》，《情报探索》2007年第11期。

[38] 马捷、孙梦瑶、尹爽等：《微博信息生态链构成要素与形成机理》，《图书情报工作》2012年第18期。

[39] 马世骏：《生态规律在环境管理中的作用》，《环境科学学报》1981年第1期。

[40] [美]爱德华·威尔逊等：《新的综合：社会生物学》，李昆蜂编译，四川人民出版社1985年版。

[41] 彭前卫：《网络信息生态环境的危机与保护》，《图书馆学研究》2002年第5期。

[42] 钱俊生、余谋昌：《生态哲学》，中央党校出版社2004年版。

[43] 邱浩政：《结构方程模式——LISREL的理论、技术与应用》，双

叶书廊 2005 年版。

［44］沈丽冰、孙涛、戴伟辉：《网络生态环境及其可持续发展分析》，《科技进步与对策》2006 年第 11 期。

［45］王晰巍等：《网络团购中信息生态系统的演进及案例研究》，《情报科学》2018 年第 8 期。

［46］王晰巍、靖继鹏、刘明彦、赵云龙：《电子商务中的信息生态模型构建实证研究》，《图书情报工作》2009 年第 11 期。

［47］王伟军：《电子商务网站评价研究与应用分析》，《情报科学》2003 年第 6 期。

［48］王伟赟、张寒生：《和谐社会的信息生态构建研究》，《情报理论与实践》2007 年第 6 期。

［49］魏辅铁、周秀会：《信息生态系统构建核心问题研究》，《图书馆工作与研究》2010 年第 7 期。

［50］吴明隆：《结构方程模型——AMOS 的操作与应用》第二版，重庆大学出版社 2010 年版。

［51］谢佳、邓小昭、颜新祥：《电子政务信息生态系统失衡及其应对措施》，《西南师范大学学报》（自然科学版）2013 年第 3 期。

［52］谢守美：《企业知识生态系统的稳态机制研究》，《图书情报工作》2010 年第 8 期。

［53］谢守美、方志：《博客信息生态链：概念、影响要素及其维护》，《图书情报工作》2011 年第 10 期。

［54］谢镕键：《公益网站信息生态规划与信息构建》，博士学位论文，武汉大学，2013 年。

［55］谢荆晶：《电子商务生态系统中的多样性研究》，《科技情报开发与经济》2009 年第 2 期。

［56］许孝君：《商务网络信息生态的形成机理与运行机制研究》，博士学位论文，吉林大学，2014 年。

［57］闫奕文、张海涛、王丹等：《信息生态视角下政务微信信息传播的关键影响因素识别研究》，《情报科学》2017 年第 10 期。

[58] 杨小溪：《网络信息生态链价值管理研究》，博士学位论文，华中师范大学，2012 年。

[59] 杨艳萍、李琪：《电子商务生态系统中企业竞争策略研究》，《科技和产业》2008 年第 9 期。

[60] 殷茗：《动态供应链协作信任关键影响因素研究》，博士学位论文，西北工业大学，2006 年。

[61] 余小鹏、裴蕾：《Internet 环境下信息生态模型研究》，《情报杂志》2008 年第 8 期。

[62] 赵云合、娄策群、齐芬：《信息生态系统的平衡机制》，《图书情报工作》2009 年第 9 期。

[63] 张彩云：《信息生态的几个问题》，《经济论坛》2001 年第 6 期。

[64] 张晨：《我国 C2C 电子商务消费者信任影响因素研究》，硕士学位论文，沈阳理工大学，2013 年。

[65] 张东华、鲁志华：《数字档案馆信息生态平衡及其策略研究》，《湖北档案》2010 年第 8 期。

[66] 张海涛等：《商务网站信息生态系统构建与运行机制》，《情报理论与实践》2012 年第 8 期。

[67] 张慧玲：《网络信息生态链研究进展与展望》，《情报探索》2014 年第 7 期。

[68] 张京卫：《电子商务信用保障措施》，《中国储运》2007 年第 3 期。

[69] 张军：《网络信息生态失衡的层次特征透析》，《图书馆学研究》2008 年第 7 期。

[70] 张庆锋：《网络生态论》，《情报资料工作》2000 年第 6 期。

[71] 张爽：《企业供应链之间的竞合关系分析》，《沿海企业与科技》2005 年第 2 期。

[72] 张旭：《网络信息生态链形成机理及管理策略研究》，博士学位论文，吉林大学，2011 年。

[73] 张向先、耿荣娜、李昆：《商务网站信息生态链的运行机制研

究》,《情报理论与实践》2012年第8期。

[74] 张向先、张旭、郑絮:《电子商务信息生态系统的构建研究》,《图书情报工作》2010年第5期。

[75] 张向先、史卉、江俞蓉:《网络信息生态链效能的分析与评价》,《图书情报工作》2013年第15期。

[76] 张宇光、黄永跃、林宏伟:《基于信息生态链的高校图书馆定量评价研究》,《现代情报》2012年第4期。

[77] 张云中、杨萌:《基于五行学说的信息生态系统运行机制研究》,《图书情报工作》2010年第11期。

[78] 翟春娟:《电子商务信用风险形成机理》,《技术经济与管理研究》2010年第5期。

[79] 周晓宏、郭文静:《探索性因子分析与验证性因子分析异同比较》,《科技和产业》2008年第9期。

[80] 周涛、鲁耀斌:《C2C交易中第三方信任机制作用的实证分析》,《工业工程与管理》2008年第3期。

[81] 周黎明、张洋:《基于信息环境论的信息环境管理》,《图书馆论坛》2005年第4期。

[82] 朱敏:《B2C移动电子商务中消费者满意度影响因素研究》,硕士学位论文,苏州大学,2012年。

[83] Assadourian, E., "Global Economic Growth Continues at Expense of Ecological Systems", *World Watch*, Vol. 3, 2008, pp. 30-31.

[84] Albert, M. R., "E-Buyer Beware: Why Online Auction Fraud Should be Regulated", *American Business Law Journal*, Vol 39, No. 4, 2002, pp. 575-643.

[85] Abukhader, S. M., "Eco-Efficiency in the Era of Electronic Commerce - Should 'Eco-Effectiveness' Approach be Adopted?", *Journal of Cleaner Production*, Vol. 16, 2008, pp. 801-808.

[86] Ahn, T., Ryu, S., Han I., "The Impact of Web Quality and Playfulness on User Acceptance of Online Retailing", *Information and Management*, Vol. 44, No. 3, 2007, pp. 263-275.

[87] Bernardo A. Huberman, Lada A. Adamic, "Growth Dynamics of the World – Wide Web", *Nature*, Vol. 401, 1999, p. 131.

[88] Bonnie A. Nardi, Vicki L. O. Day, *Information Ecologies: Using Technology with Heart*, Cambridge, Massachusetts London, England: MIT Press, 1999.

[89] Brian Detlor, "The Influence of Information Ecology on E – Commerce", *Internet Electronic Networking Applications and Policy*, Vol. 4, 2001, pp. 286 – 295.

[90] Baker, K. S., Geoffrey C. Bowker, "Information Ecology: Open System Environment for Data, Memories and Knowing", *Journal of Intelligent Information Systems*, Special Issue, 2005, pp. 1 – 19.

[91] Ball, R., "Control, Stability and Bifurcations of Complex Dynamical Systems", *The ANU Centre For Complex Systems*, No. 6, June, 2003, pp. 1 – 23.

[92] Ba, S., Pavlou, P. A., "Evidence of the Effect of Trust Building Technology in Electronic Markets: Price Premiums and Buyer Behavior", *MIS Quarterly*, Vol. 26, No. 3, 2002, pp. 243 – 268.

[93] Barnes, S. J., Vidgen, R. T., "Web Qual: An Exploration of Web – Site Quality", Proceedings of the Eighth European Conference on Information Systems, Vienna, July 3 – 5, 2000.

[94] Bekkers, V., Homburg, V., *The Information Ecology of E – Government: E – Government as Institutional and Technological Innovation in Public Administration*, Amsterdam: Ios Pr Inc. Press, 2005.

[95] Chandrashekaran, M., "Customer Evaluations of Service Complaint Experience: Implications for Relationship Marketing", *Journal of Marketing*, Vol. 26, No. 4, April, 1998, pp. 60 – 70.

[96] Cobb, W., Cathy, J., Rubble, C. A., Donthu, N., "Brand Equity, Brand Preference and Purchase Intent", *Journal of Advertising*, Vol. 35, No. 3, 1995, pp. 25 – 39.

[97] Dishaw, M. T., Strong, D. M., "Extending the Technology Ac-

ceptance Model with Task – Technology Fit Constructs", *Information and Management*, Vol. 36, No. 1, 1999, pp. 9 – 20.

[98] Doney, P. M., Cannon, J. P., "An Examination of the Nature of Trust in Buyer – Seller Relationships", *Journal of Marketing*, Vol. 4, 1997, pp. 35 – 51.

[99] Davenport, T. H., Prusak, L., *Information Ecology*, New York: Oxford University Press, 1997.

[100] Finin, T, Joshi, A, Kolari, P., "The Information Ecology of Social Media and Online Communities", *AI Magazine*, Vol. 28, 2008, pp. 77 – 92.

[101] Greif, A., "Contract Enforceability and Economic Institutions in Early Trade: The Maghreb Traders Coalition", *American Economic Review*, Vol. 83, 1993, pp. 525 – 548.

[102] Gershenson, C., Design and Control of Self – Organizing Systems, Ph. D. Dissertation, Vrije University, 2007.

[103] García – Marco, F., "Libraries in the Digital Ecology: Reflections and Trends", *The Electronic Library*, Vol. 29, No. 1, 2011, pp. 105 – 120.

[104] Guilford, J. P., *Fundamental Statistics in Psychology and Education*, McGraw – Hill Press, 1950, pp. 644 – 644.

[105] Holling, C. S., "Resilience and Stability of Ecological Systems", *Annual Review of Ecology and Systematics*, No. 4, 1973.

[106] Hair, J. F., Black, W. C. Babin, B. J. et al., "Multivariate Data Analysis", *Technometrics*, Vol. 49, No. 1, 2005, pp. 103 – 104.

[107] Javalgi, R. G., Todd, P. R., Scherer, R. F., "The Dynamics of Global E – Commerce an Organizational Ecology Perspective", *International Marketing Review*, Vol. 4, 2005, pp. 420 – 435.

[108] Kaluscha, E. A., "Empirical Research in On – Line Trust: A Review and Critical Assessment", *International Journal of Human – Computer Studies*, Vol. 58, 2003, pp. 783 – 812.

[109] Kim, S., Stoel, L., "Apparel Retailers: Website Quality Dimensions and Satisfaction", *Journal of Retailing and Consumer Services*, Vol. 11, 2003, pp. 109 – 117.

[110] Moore, James F., "The Death of Competition: Leadership and Strategy in the Age of Business Ecosystems", *Ecosystems*, Vol. 4, 1996, p. 15.

[111] McKinght, D. H., Choudhury, V., Kacmar, C., "The Impact of Initial Consumer Trust on Intentions to Transact with a Web Site: A Trust Building Model", *Journal of Strategic Information Systems*, Vol. 11, 2002, pp. 297 – 323.

[112] Muyllea, S., Moenaert, R., Despontin, M., "The Conceptualization and Empirical Validation of Web Site User Satisfaction", *Information and Management*, Vol. 41, 2004, pp. 543 – 560.

[113] Mulaik, S. A., James, L. R., "Objectivity and Reasoning in Science and Structural Equation Modeling", *Structural Equation Modeling: Concepts*, Issues and Applications, 1995, pp. 118 – 137.

[114] Nardi, B. A., O'Day, V. L., *Information Ecologies: Using Technology with Heart*, Cambridge: MIT Press, 1999, p. 43.

[115] Parasuraman, A., Berry, L. L., Zeithaml, V. A., "Servqual: A Multiple – Item Scale for Measuring Consumer Perceptions of Service Quality", *Journal of Retailing*, Vol. 64, 1998, pp. 12 – 40.

[116] Petrick, J. F., "Development of Multi – Dimensional Scale for Measuring the Perceived Value of A Service", *Journal of Leisure Research*, Vol. 34, No. 2, 2002, pp. 119 – 134.

[117] Pimm, S. L., "The Complexity and Stability of Ecosystems", *Nature*, Vol. 307, 1984, pp. 321 – 326.

[118] Rafael Capurro, "Towards an Information Ecology", Contribution to The Nordinfo International Seminar Information and Quality, Royal School of Librarianship, Copenhagen, August 23 – 25, 1989.

[119] Shen, B., "Ecologies, Outreach and the Evolution of Medical Li-

braries", *Journal of the Medical Liberary Association*, Vol. 93, No. 4, 2005, pp. 86 – 91.

[120] Szymanski, D. M., Hise, R. T., "E – Satisfaction: An Initial Examination", *Journal of Retailing*, Vol. 76, No. 3, 2000, pp. 309 – 322.

[121] Shim, S., Lee, B., " Evolution of Portals and Stability of Information Ecology on the Web", International Conference on Electronic Commerce: The New E – Commerce – Innovations for Conquering Current Barriers, Obstacles and Limitations to Conducting Successful Business on the Internet, Canada, August, 2006.

[122] Standifird, S. S., "Reputation and E – Commerce: eBay Auctions and the Asymmetrical Impact of Positive and Negative Ratings", *Journal of Management*, Vol. 27, No. 3, 2001, pp. 279 – 295.

[123] Warrington, T. B., Abgrab, N. J., Caldwell, H. M., " Building Trust to Develop Competitive Advantage in E – Business Relationships", *Competitive Review*, Vol. 2, No. 10, 2000, pp. 160 – 169.

[124] Yogesh Malhotra, "Information Ecology and Knowledge Management: Toward Knowledge Ecology for Hyper turbulent Organizational Environments", *Encyclopedia of Life Support Systems*, 2002, pp. 44.

[125] Zeithaml, V. A., " Customer Perception of Price, Quality and Value: A Means – End Model and Synthesis of Evidence", *Journal of Marketing*, Vol. 52, July, 1988, pp. 2 – 22.

[126] Zeithaml, V. A., Parasuraman, A., Malhorta, A., "Service Quality Delivery Through Web Sites: A Critical Review of Extant Knowledge", *Journal of the Academy of Marketing Science*, Vol. 30, No. 4, 2002, p. 362.